JN170003

ぶらりあるき ミャンマー・ラオスの博物館

Museum

Myanmar
Laos

中村 浩
Hiroshi Nakamura

芙蓉書房出版

ミャンマー

ヤンゴン国立博物館

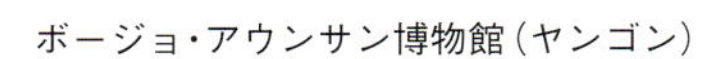

ボージョ・アウンサン博物館（ヤンゴン）

シュエダゴン・パヤー・仏教博物館
（ヤンゴン）

マンダレー王宮の外壁

シュエター・リャウン寝仏（バゴー）

バゴー王宮跡博物館の仏像

顔に白い粉「タナカ」を塗っている少女
（タナカ博物館）

タラバー門（バガン）

マハーボディー・パヤー
（バガン）

ラオス

タート・ルアン（ビエンチャン）

ワット・ホーパケオ（ビエンチャン）

シェンクワン博物館（ポーンサワン）

ラオス国立博物館（ビエンチャン）

ブッダ・パーク（ビエンチャン）

ラオス人民軍歴史博物館（ビエンチャン）

托鉢する僧侶の列（ルアンパバーン）

ジャール平原の石壺群

ラオス国立博物館前庭のオブジェ
（ビエンチャン）

まえがき

ぶらりあるき博物館のアジアシリーズは本書で第一〇冊目になります。

訪問した博物館の数は五〇〇を超えていますが、かつて訪れたヨーロッパ諸国と比べると東南アジアの博物館の数ははるかに少ないといわざるを得ません。展示手法も地域によってさまざまで、素晴らしい現代的なディスプレイ技術を駆使している博物館もあれば、素朴で飾り気のない展示もあります。

一方、アジア地域には歴史や伝統のある寺院や遺跡などの歴史的文化的遺産が多く残されています。近年では世界遺産に登録されているものもあり、登録にともなって博物館施設が設置されるという傾向が見られます。今回訪問したラオスには、世界遺産ワット・プー遺跡に関連して展示館やチャンパサック歴史遺産博物館があります。また世界遺産ルアンパバーン地域では、かつての王宮が国立博物館として公開され、市街地中心部の寺院でも多くの仏像や宝物が展示、公開されています。

ミャンマーは、急速に近代化が進んでおり、金や宝石などの鉱山の開発でも世界中から注目されている国です。

ヤンゴンには近代的な建物の国立博物館をはじめ、国立麻薬撲滅博物館、ヤンゴン動物園、自然史博物館、独立の父とされるボージョ・アウンサン博物館やウ・タント記念館などの人物顕彰の博物館もあります。特産品の宝石に関する宝石博物館は、ヤンゴンのほかに新しい首都ネーピードーにもあります。ミャンマー民俗村は少数民族の家屋を移築して公開している施設です。

ミャンマーは熱心な仏教徒の国として知られているように、実に多くの寺院があります。ヤンゴンでは最大のシュエダゴン・パヤーに仏教博物館、フォト・ギャラリーという博物館施設が併設され、ポータタウン・パヤー、チャウッタージー・パヤーには仏塔内に寺宝の展示室が設置されています。またバゴーにはバゴー考古博物館のほか、王宮遺跡に博物館があり、シュエモードー・パヤーには付属博物館があります。

一方、ボロブドゥール（インドネシア）、アンコールワット（カンボジア）とともに世界三大仏跡に数えられるバガン地域には三〇〇〇基を超える仏塔、寺院があります。この地域には国立考古学博物館、黄金宮殿博物館、漆器博物館などがあり、珍しいものとしてはミャンマー女性が顔に塗る白い粉「タナカ」に関するタナカ博物館や、地下で植物が炭化（石化）した桂花石展示館があります。

また多くみられる仏塔、寺院には一〇世紀から一八世紀の壁画や彫刻が多く残っており、その一部についても紹介しています。バガン郊外には土器づくりの村や酒づくりの村もあります。

マンダレー地域には動植物公園やマンダレー博物館のほか仏跡も多く存在します。その仏跡についても一部を紹介します。

二〇一五年にミャンマー最初の世界遺産に登録された「ピュー王朝の古代都市群」のベイタノー遺跡を訪ねました。ここには考古博物館や現地に保存されているかつての王宮の煉瓦積みの基壇や仏塔の基壇痕跡などを見ることができました。またハリン遺跡ではメインゲートの両側の煉瓦積み基壇や、建物の基礎を現地で見ることができました。

ラオスの首都ビエンチャン市内には、国立博物館をはじめ、ラオス人民軍歴史博物館、人民安全保障博物館、カイソーン・ポムビハーン博物館、スファヌボン国家主席記念館などでラオスの国家成立史の一コマを見ることができます。この他、繊維博物館、ブッダ・パークなど個性的な施設も見られます。

ラオスの寺院には「ミュージアム」という表示をよく見かけます。ワット・ホーパケオ、タート・ルアン、ワット・シーサケート寺院などでは、仏龕などに小仏像が展示されているほか博物館的な展示が見られます。

このほか将来の世界遺産候補としてジャール平原の石壺群、海のない国での塩づくりの村、あるいは土器づくりの村、酒づくりの村などを訪ねてみました。

ミャンマー、ラオスには多くの歴史遺産、文化遺産が残されており、広い意味での遺跡博物館を楽しむことができます。

ミャンマーへは成田からの直行便があり、ラオスへはバンコクかベトナム経由で入ることができます。どことなく懐かしい雰囲気のある国々を訪ねてみませんか？

中村　浩

ぶらりあるき　ミャンマー・ラオスの博物館●目次

■ラオスの博物館

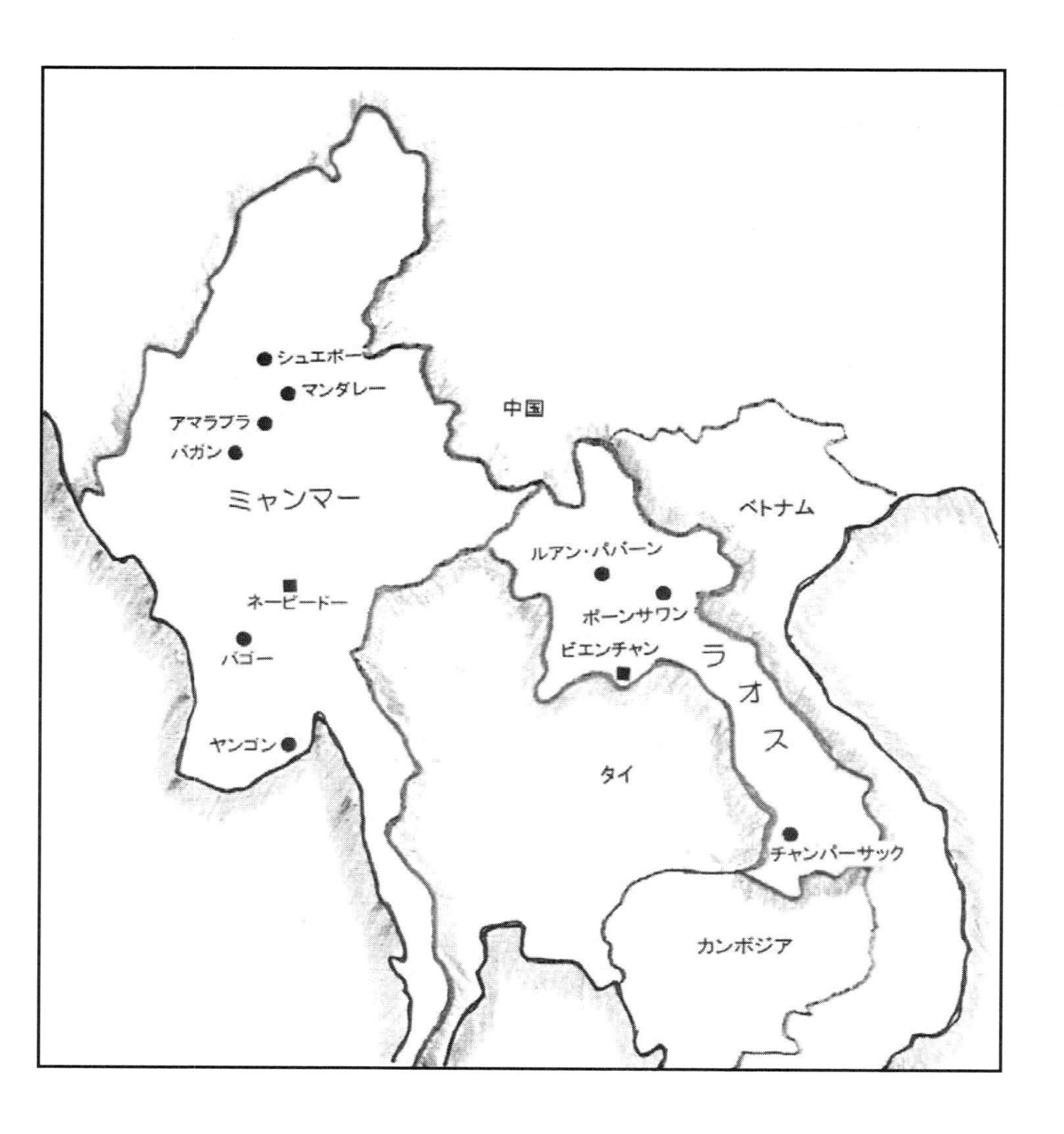
シュエボー
マンダレー
アマラプラ
バガン
中国
ミャンマー
ベトナム
ルアン・パバーン
ネーピードー
ポーンサワン
ビエンチャン
バゴー
ラオス
ヤンゴン
タイ
チャンパーサック
カンボジア

ミャンマーの博物館

国立考古学博物館（バガン）

ヤンゴン　Yangon

ヤンゴンはかつてはラングーンと呼ばれ、二〇〇六年にネーピードーに遷都されるまでは首都でした。首都移転にともない、主な政府機関はなくなりましたが、依然としてミャンマー最大の都市であり、観光やビジネスで訪問する人々が絶えません。

この町は、一七五五年ビルマ族の王アラウンパヤーがこの土地を占拠してヤンゴンという名を付けました。「戦いの終わり」という意味です。やがて一八二四年以降の三度のイギリスとの戦争によって、ビルマ全土はイギリス領となります。

イギリスが都市計画を緻密に行った結果、整然とした現在のような市街地がつくられました。最近は高層ビルが建設されていますが、ヨーロッパ風の建築物が多く残されている旧市街を散策すると、イギリス植民地時代ののんびりした雰囲気が味わえます。

博物館見学とは別のお勧めは、ヤンゴン駅から市街地を一周する環状鉄道です。地元の人々の生活にふれることができますし、かつて日本国内で走っていた鉄道車両がここで活躍しているのに驚きます。観光客にも大変な人気のようです。

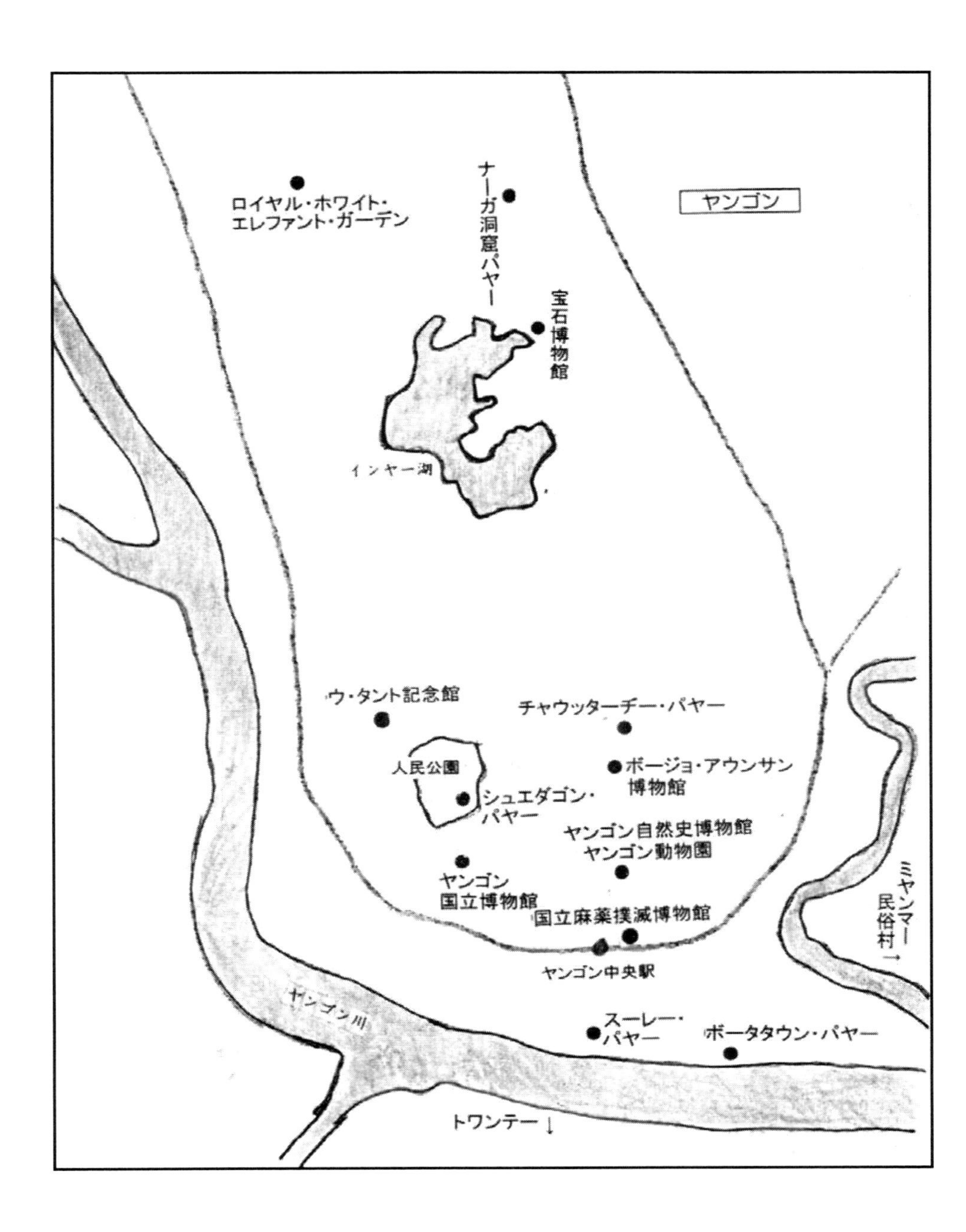
ヤンゴン
ロイヤル・ホワイト・
エレファント・ガーデン
ナーガ洞窟パヤー
宝石博物館
インヤー湖
ウ・タント記念館
チャウッターチー・パヤー
人民公園
ボージョ・アウンサン
博物館
シュエダゴン・
パヤー
ヤンゴン自然史博物館
ヤンゴン動物園
ヤンゴン
国立博物館
国立麻薬撲滅博物館
ヤンゴン中央駅
ミヤンマー
民俗村→
ヤンゴン川
スーレー・
パヤー
ボータタウン・パヤー
トワンテー↓

❖ヤンゴン国立博物館　National Museum Yangon

ヤンゴンの国立博物館は一九五二年に創立され、一九九六年に現在の場所に移り新築されました。

五階建てコンクリート造りの近代的な建物で、建物三棟が連接する構造になっています。縦方向に長い窓が特徴的なデザインです。

展示室は五つのフロアが使用されていますが、内部の照明はどこもかなり暗く、よほど目を凝らさないとよく見えません。

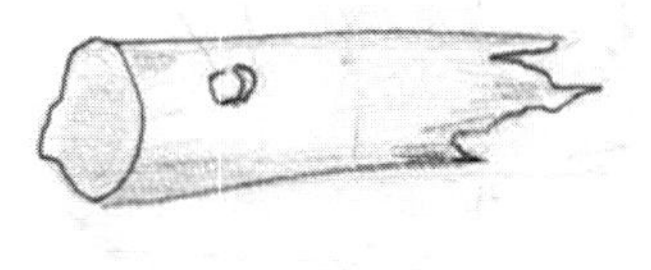

大きな穴が開けられた柱

火葬した骨を入れる壺

まず仏像と絵画の展示があり、次がミャンマー文字のコーナーです。石碑の展示コーナーには、かつてのピュー民族の墓地のジオラマがあります。紀元前二世紀から紀元九世紀の頃に使われたもので、煉瓦で囲まれた構築物の中央に火葬骨を入れる円筒形の大きな壺が置いてあります。ピュー族は古くから仏教を受容しており、死後遺体は火葬されました。また、石碑に文字を刻む職人の姿もジオラマで見られます。

太い丸太が置かれています。根元には大きな穴が開いています。十六世紀のバゴーにあった王宮の建物に使用されていた柱です。残念ながら大半は朽ち果ててしまっていますが、地下に埋まっていた部分は良好な保存状態で残っています。展示されている円柱の先端に穿たれた穴は、この木材を運び出す際に用いられたもので、建物の構造とは関連がありません。日本でもこのような穴を穿って運搬

ヤンゴン国立博物館

した例はいくつも見られます。

この博物館で最も注目される展示物は、一階奥の一室に展示されている玉座です。玉座とは王のための専用座席のことです。かつての都マンダレー王宮には玉座が九個あったそうですが、戦時中に失われ、現存するのはこの一個のみです。この玉座は十八世紀の終わり頃、ボードーパヤー王の時代に造られ、最も重要な玉座とされていたもので、「ティハルタナ・パリン」（獅子座）と呼ばれます。

ところで、十九世紀初頭頃からイギリスとビルマの間でたびたび紛争が起こります。一八二四年の第一次英緬戦争ではヤカインとテナセリムを失い、続く第二次英緬戦争ではエヤワディデルタ地域を失います。相次ぐ敗戦の後、一八五七年にはコンバウン王朝のティーボー王はマンダレーに遷都します。しかし一八八五年には第三次英緬戦争がはじまり、ティーボー王はインドに連行されてしまい、王朝は滅亡し、イギリスの植民地支配が始まります。このイギリス軍によるマンダレー攻略の際に、マンダレー王宮の玉座二基がイギリスに持ち去られてしまいました。第二次世界大戦後、一九四八年にビルマは連邦共和国として独立しますが、玉座はイギリスのヴィクトリア＆アルバート美術館に保管されたままでしたが、一九六四年にビルマに返却され、現在では国立博物館の重要な展示品となっています。

玉座は高さ八・一メートルで、塔の形をした全体を漆で塗り固め、その上部に金箔を施しています。豪華の一語に尽きる作品で、スケールの大きさには驚かされます。台座の下方基部に獅子（ライオン）像がある獅子座の前には王が忠誠の儀式を行った際に神器類が並べられました。神器は王権を象

「獅子座」と呼ばれる玉座

徴する貴重な品々で、金、銀、宝石類で造られた金盆、金杯などが展示されています。

また玉座の周囲の壁面には、各時代の玉座の小型模型が展示されていますが、模型とはいっても気品が漂う豪華なものばかりです。

このほか一階には、十九世紀の祭礼用の船形の神輿が展示されています。高さも幅も二メートルもない比較的小型のものですが、表面には金箔が貼られた豪華絢爛なもので、さすがに王室専用のものらしいといえます。少し行くと、ケース内に王族の衣装が並べられています。たった一度しか着用されなかったという王と王妃の衣装、やや色の褪せたガウン、豪華なスリッパといったほうがいいような黄金色に輝くロイヤルシューズなどが目を楽しませてくれます。

二階はミャンマーの歴史の流れがテーマになっています。仏塔が七〇〇〇基、現存するものでも三〇〇〇基ともいわれる仏教遺跡を形成してきたバガン王朝の十一世紀のブッダ像を始め、仏教が栄えていたことを示す展示品が目白押しです。十一世紀～十三世紀のものとされるブロンズ製の蓮の置物は秀逸です。このほか、ミャンマーで見つかった窯跡の模型やジオラマ、現状写真、地図などや、ユーモラスな形をしたピュー時代の小型の人形もあります。このフロアの最後には自然史に関するコーナーがあります。約四〇万年前の恐竜の歯の化石などが展示されています。

三階にはミャンマーの伝統的な民族芸術の展示があります。なかでも注目は操り人形です。糸で操るものが中心です。操り人形は東南アジア諸国ではよく見かける民俗芸能の一つですが、ミャンマーの操り人形は衣装や表情が豊かで素晴らしいものです。昔から操り人形劇は人気があり、教育の一環としても大事に伝えられてきました。人形師たちは歴史的な昔話のストーリーを演じます。またこのフロアでは、さまざまな表情をした仮面や少数民族の織物や織機を見ることができます。二頭の雄牛で引かれる牛車、孔雀の尾の羽で作られた団扇をはじめ、銀製品加工など工芸職人の作業風景を描いた絵画が展示されています。

このほかにも、ココナツの殻からつくられた精巧な透かし彫りが美しいミニチュアの仏塔、ガラスモザイクの蓋付きの貯蔵容器などを見ると、ミャンマーの工芸技術の高さがよくわかります。

このフロアでは、ミャンマーの祭礼行事で用いられた道具類、農工具などの生業に関する民俗資料コレクションも見ることができます。

四階は、装身具の展示と絵画のギャラリーです。ミャンマー・アートギャラリー（1）では、ウ・バ・ロン（一八九四～一九四四）の作品「マハバンドーラ騎馬像」「瀑布（滝）」、十九世紀に描かれた「古代ミャンマーの家族」などの絵画作品があります。ミャンマー・アートギャラリー（2）では、マンダレーのウ・ソウ・マンが一九二六年に描いた油彩画「即位式」や、ピュー時代、バガン時代、インワ時代などの着飾った女性のドレス姿を描いた作品があります。このギャラリーには古代の装飾品のコーナーがあり、八～九世紀のゴールドリングやネックレス、表面に二頭のライオンを刻んだ十八世紀のゴールドリングなどが展示されています。

最上階の五階には「ブッダ・イメージ」というテーマ展示があります。ここには、ウ・ンガウェ・ガイン（一九〇一～一九六七）が描いた仏陀イメージと題する絵画、十五世紀にインワのメーヌ女王が建立した煉瓦造りの僧院の外観を描いた作品があります。同じフロアには「ミャンマーの少数民族を考える」コーナーが設けられ、シャン族の円筒状の太鼓、カヤン族の竹製楽器のフルート、モン族のガラス・モザイク作品、チン族の女性が祭礼で被る頭部飾りや男性用の帽子など珍しい民族資料が集められています。

この博物館の展示は上階に行くほど内容が粗くなっているように見えました。

展示室の見学を終えて出口に向かう途中にミュージアム・ショップがあります。図録はありましたが、内容は観光ガイド的なものが多いようです。また木彫工芸や装飾品などの土産物の販売が大半を占めていました。

❖ミャンマー民俗村
National Races Village Union of Myanmar

ヤンゴン郊外のバゴー川岸に造られたテーマパークです。ミャンマー各地の部族の伝統的な民家などを復元、移築しています。入るとすぐ幅一〇メートル、長さ五〇メートルの通路があり、その両側の手入れの行き届いた植栽が入園客を迎えてくれます。園内はかなり広いので、多くの観客は観覧用のミニバスを利用しています。ところがこのバスがとんでもなく、表面の鉄板は腐食が進み大きな穴が開いたり、ひどい所では本体から剥れ、剥れた板をビニールひもで結んでいるありさまです。何とか動いてはいますが、走行中の振動と騒音には閉口しました。

まず、茶色に外面を塗装された円形望楼に着きました。宮殿内の展望塔を復元したもので、頂上まで上ることができるので、ここから園内を見渡せます。展示場ではミャンマーの諸民族の展示が行われています。

ミャンマーには、ビルマ族、モン族、シャン族、カチン族、チン族のほか多くの少数民族がいます。これらの民族の資料がまとめて展示されています。どのコーナーにも民族衣装を着たマネキン人形が置かれています。このほか「シン族コーナー」では土器、民具、晴れ着を着たマネキン人形、太鼓状の楽器が置かれ、後ろの壁には着飾った男女が踊る祭りの風景が描かれています。「カヤー族」では、やや大型の竪琴、食べ物の盛り付

民俗村の建物の内部

復元された建物

け用の木器、小型の太鼓や糸繰り道具などが置かれ、壁には湖と森の背景が描かれた絵が掛けられています。「カチン族」のコーナーでは、狩猟道具などのほか、壁には谷と山の風景が描かれています。「シャン族」では、竹で編んだ籠や壺と湖の絵が掛けられています。「パキン族」では、いわゆるビルマの竪琴が展示されています。「モン族」では、竹細工の籠、ワニの木彫の工芸品が見られます。

この展示をひと通り見ると、各民族の違いをおおまかに理解することができますが、内容的には極めて不十分なのが残念です。

引き続き園内を廻ってみましょう。さまざまな民族の家屋が復元されています。モン族の建物は高床式の木造建築で、二階建てのようにも見えます。若い女性が建物の中にいるのですが、とくに説明をしているわけでもないようです。シャン族の建物も同じような高床式です。床下には織機が置かれていました。カヤン族の建物は内部が公開されています。多くの調理具が置かれた台所、テーブルが置かれた居間、ベッドが置かれた寝室があります。高床のため床が透けて見えるのは少々気味が悪いのですが……。

ミニバスに揺られて園内を一回りしてみました。他の国の民家集落博物館や民族博物館とは比較にならないお粗末な設備、内容でしたが、休日だったこともあり、多くの家族連れでにぎわっていました。

❖ロイヤル・ホワイト・エレファント・ガーデン　Royal White Elephant Garden

ヤンゴン駅から環状鉄道線の列車に乗って約三〇分。降りてから少し歩くとこの施設があります。入口から中はほとんど見えませんが、象の甲高い鳴き声がします。

ミャンマーでは、古くから白い象は国の平和と繁栄をつかさどる吉祥の印とされてきました。このため王によって保護されてきました。現在、三頭がここで飼育され、残りは新しい首都のネーピードーのウッ

エレファント・ガーデンと白象

パタサンテイ・パヤーで飼育されています。

　象が飼育されている建物は、正方形の広い平屋で、屋根の形は伝統的なミャンマー様式で、上部だけ見ると王宮の宮殿のようです。見物客は、象舎前方の建物から見るようになっており、間にはかなり広い芝生の広場があります。三頭のうち二頭は薄いピンク色のかかった白色、一頭は灰色がかった白色をしています。

❖ヤンゴン動物園　Yangon Zoo

　ヤンゴンの市街地の中心部にある動物園です。一九〇六年創立の、東南アジアでは古い伝統を持つ動物園の一つです。五八・一六エーカーの広大な敷地に一三六種の動物が飼育されています。熱帯の気候のせいかもしれませんが、動物たちはあまり元気がないように見えます。

　ここにはとくに珍しい動物はいませんが、象に直接エサをあげられるのが好評のようで、象舎の前ではは子どもたちが差し出す餌を鼻で器用に受

ヤンゴン動物園入口

け取る姿が見られました。

敷地の中央の大きな池には、さまざまな種類の水鳥が群れています。金網の囲いがないためか野生の鳥が外から自由に飛んで来るようです。また、熱帯地域の動物園では定番のワニも、あまり大型のものは見当たりません。金網で囲まれた小さな池の中に数頭が不気味に頭部だけを出していました。

平日の昼間だったので、観光客とわずかな市民の姿しかありませんでしたが、休日ともなれば家族連れでにぎわうのでしょう。

❖ヤンゴン自然史博物館　Natural History Museum

ヤンゴン動物園内の一角にある自然史博物館を訪ねました。鉄筋コンクリート造り二階建ての建物です。展示室は長さ三〇メートル、幅一〇メートルとかなり広くつくられています。

動物学の展示室は、中央の大きなガラスケースの中にトラ、ライオン、豹をはじめとする肉食獣の剥製が置かれています。レッサーパンダ、スカンク、アリクイ、コウモリ、サルなどの小型動物の剥製は壁面のケースに収められています。このほか、鹿、熊、牛、イノシシなどの剥製を見ることができます。また壁面ガラスケースには鳥の剥製が展示され、廊下にもハクチョウやペリカンなどの水鳥の剥製が並べられています。

続いて魚類、爬虫類、両生類、無脊椎動物たちの展示室です。ここにはミャンマーの河川に生息するナマズやエビの標本が集められています。壁

ヤンゴン自然史博物館

面ケースには小型の魚類の写真と剥製が棚二段分並べられています。ワニの子どもやオオトカゲ、海ガメの剥製標本もあります。軟体動物は剥製にするには不向きなため標本瓶に入れた状態で並べられています。膨大な標本数に驚きますが、専門家はともかく一般の人には少々退屈かもしれません。

鉱物学の展示室でも岩石標本がこれでもかと詰め込まれています。岩石のほかに宝石、奇石や化石も見ることが出来ます。

人類の進化を二〇センチほどのフィギュア模型で説明する展示があります。猿から直立猿人、原人から現代人までの進化の過程が一四段階に分けられています。しかし、肝心の人骨化石の実物資料がほとんどないのは残念でした。この展示室で模型の使用が多いのは、理解を容易にするための工夫かもしれません。

❖フレッシュ・ウォーター・フィッシュ・ガーデン（水族館）

Kandwgyi Fresh Water Fish Garden（Aquarium）

ヤンゴン動物園の北側、カンドーヂ・パレスホテルのそばに小規模の水族館があります。入口から展示館までの野外に飼育水槽があり、北アメリカ、メキシコ産の淡水魚や東南アジア原産のドラゴン・フィッシュ、中国原産のグラスカープなどが飼育されています。水槽の周囲の植栽の緑色と水槽の水の濁りが複雑なコントラストを示しています。通路沿いの浅い水路には金魚などの淡水魚が放たれています。十分な餌と気候条件に恵まれているためか、日本では考えられないほど大きく成長しています。

展示館は鉄骨つくりの平屋で、中には、水温が十分管理された水槽が整然

飼育水槽

と配置され、ミャンマー原産のアーチャー・フィッシュやカンボジア、マレーシア、ミャンマーなどに生息するドラゴン・フィッシュなど美しく珍しい魚が見られます。水槽が小型なので、アマゾン地域などにいるような大型魚類はいませんでした。

❖宝石博物館　Myanmar Gems Museum

ミャンマーは世界的にも知られた宝石の産地です。ここは、ルビーや翡翠、水晶、サファイヤ、真珠など多くの豪華な宝石をコレクションし、展示している博物館です。建物は四階建て、ガラス張りの近代的な建物です。明るいベージュ色に塗装された外壁がとてもお洒落です。

一階から三階までは宝石類のショールームで、四階が博物館になっています。入口の部屋には、ビルマの竪琴や漆器の壺、鏡を見ながら髪飾りを付けたり化粧をしている女性を描いたフレスコ画が掲げられています。

展示室内部は写真撮影禁止でしたが、そこはショーケースを並べた宝石ショップのようで、博物館の展示といえるようなものではありませんでした。そのうえ、係員の若い女性が宝石の購入をしつこく勧めてくるのには困りました。

この宝石博物館の目玉であった世界最大のスタ

宝石博物館

ーサファイアの原石は、新首都ネーピードーに新たにつくられた宝石博物館に移されたとのことでした。

❖ボージョ・アウンサン博物館　Bogyoke Aung San Museum

ビルマ独立の英雄であるアウンサン将軍の住居が博物館として公開されています。丘の上に立つ二階建て、円筒形の洒落た塔のあるこの西洋風建物は一九二〇年代に建設されました。

アウンサン将軍一家は、一九四五年五月から一九四七年七月に暗殺されるまでここに居住していました。一階の居間や食堂には家具、調度品、テーブル、椅子が当時のように置かれています。二階には将軍の寝室、子供たちの部屋、書斎、応接間などがあります。

ボージョ・アウンサン博物館

ビルマ共産党の初代書記長だったアウンサンは、イギリスから逮捕状が出たため日本軍の助けを得て日本に逃れました。日本からの援助の約束を取り付け帰国した彼はビルマ独立義勇軍を結成し、日本軍とともに戦います。しかし、日本の配色が濃厚になった一九四五年、イギリス側に寝返り、抗日戦争の先頭に立ちます。日本には勝利しましたが、イギリスは独立の約束を実行せず、ビルマはまたイギリスの植民地になってしまいました。アウンサンはイギリスからの独立をめざし活発に動きますが、一九四七年七月一九日に暗殺されます。これはイギリス側が仕組んだものと言われています。三二歳という若さでした。

波乱に富んだ人生を送ったアウンサン将軍の長女が、現在のミャンマーを代表する有力政治家アウンサン・スー・チー女史です。この家で彼女は生まれ育ちました。暗殺時、彼女は二歳でした。

庭園には花壇や菜園、小さな池があります。この池でスー・チー女史のお兄さんが水死するという悲しい出来事があったそうです。

この屋敷は二〇〇七年に公開中止となりましたが、二〇一二年三月から一般公開を再開しています。

❖ウ・タント記念館　U Tan To House Museum

国際連合第三代事務総長ウ・タントの住居を記念博物館として公開しています。建物は小じんまりとした二階建てで、黄色く塗装されています。金、土、日曜日だけの開館です。訪問時は休館日でした。ドア越しに覗き込んでいたら係員にカーテンを閉められてしまいましたが、正面の部屋にウ・タントの肖像写真が見えました。ここで彼の業績に関する展示が行われているようです。

❖国立麻薬撲滅博物館　Facts about Drugs Elimination Museum

ミャンマー、タイ、ラオスにまたがるゴールデン・トライアングルと呼ばれる地域は世界有数のケシの栽培地帯として知られています。麻薬の問題はミャンマーにとっても深刻な問題であり、その撲滅のために建てられた博物館です。一万四〇〇〇平方メートルもある三階建ての大きな建物で

国立麻薬撲滅博物館

ウ・タント記念館

す。

広い空間に手際よく展示資料が並べられています。一階は、麻薬の歴史やその種類について解説しています。麻薬常用者のジオラマの中は足下が見えないくらい暗く、まるでお化け屋敷のようです。二階は、麻薬取り締まりのジオラマや、撲滅活動を行った後にケシに代わって栽培されるようになった作物なども展示されています。

ちなみに、隣国ラオスでも人民安全保障博物館（警察博物館）で麻薬撲滅の展示が行われています。世界的に麻薬撲滅が叫ばれている中で、国民を守るための政府のこうした取り組みは多くの関心を集めています。博物館のパンフレットにも学校や団体への啓蒙活動の様子が紹介されており、この施設が有効活用されていることがわかります。

ヤンゴンの寺院

❖シュエダゴン・パヤー　Shwedagon Paya

ヤンゴンの市街地の北にあるシンダッダヤの丘に金色に輝くシュエダゴン・パヤーがあります。聖なる丘とも呼ばれ、ミャンマー最大の聖地であり、ヤンゴンのランドマークです。

伝説では、インドで仏陀に八本の髪をもらったタボッタとパッリカという兄弟の商人が、紀元前五八五年にそ

シュエダゴン・パヤー

の髪をこの地に奉納したのが始まりとされています。以来、たびたびの拡張工事が行われ、大小六〇余りの塔に囲まれた大仏塔になりました。何度も地震の被害にあいましたが、一五世紀の半ばにはバゴーのシンソープ女王によって現在の仏塔の姿になったとされています。

中心にそびえる大仏塔は、高さ九九・四メートル、周囲四三三メートルという巨大なものです。使用されている金箔は八六八八枚、七六カラットのものなど五四五一個のダイヤモンド、一三八三個のルビー、ほかにもヒスイなどがはめこまれています。さすが宝石産出国ですが、それにしても半端な量ではありません。仏教国ミャンマーの国民の信仰の篤さが伝わってくるようです。

シュエダゴン・パヤー仏教博物館

❖シュエダゴン・パヤー・仏教博物館
Shwedagon Paya Budda Museum

シュエダゴン・パヤーの西門から入って北側に進むと、この博物館があります。入口を入るとそこは地上三階です。展示室は広くゆったりとしていて、仏像や関連する遺品類が置かれています。

❖シュエダゴン・パヤー・フォト・ギャラリー
Shwedagon Paya　Photo Gallery

シュエダゴン・パヤーの写真を集めたギャラリーです。仏像も座像二体と小型の寝仏などが安置されています。また、中央の大仏塔をさまざまな角度から撮影したカラー写真パネルが展示してあります。よほどの高倍率の望遠鏡で見なければわからない塔の先端部分などの細部の装飾の様子がよくわかります。このほか、仏塔を撮影した昔の写真パネルも展示されています。

フォト・ギャラリー

《シュエダゴン・パヤー境内の見所》

・守護精霊ナッの像

シュエダゴン・パヤーの守護精霊とされている二体のナッ神像が祀られています。お祈りの後、ここにある石を持ち上げてみて軽いと感じたら願い事がかなうといわれています。人だかりがすごく、石にまでたどり着けませんでした。

・学生運動の記念碑

一九二〇年一二月、ビルマで初めての学生によるストライキが行われました。その時の学生のリーダー一一名はここで会議を行いました。この学生たちの運動は、ビルマがイギリスから独立する動きにつながっていきました。その運動の記念碑です。

・マハーガンタの釣鐘

境内西北にある堂に吊り下げられている大きな釣鐘です。ステンレスの囲いがあるので触わることはできません。一七七五年シングー王によって鋳造されたもので、二三トンの重量があるようです。かつてイギリスがこの鐘を持ち帰ろうと船に乗せたところ、船もろとも川に沈んでしまいました。後にミャンマーの人々が川から引き揚げ、無事に寺に戻されました。釣鐘の上部には仏像があり金箔が施されています。

ちなみに、マハーガンタとはパリー語で「偉大な」という意味があるようです。

・マハーティッサダの釣鐘

境内東北にある建物にある釣鐘です。鐘の本体に三本の赤く塗られた帯がめぐらされている特徴的な釣鐘です。一八四一年に鋳造され、ターラークデイー王が寄進したもので、四七トンあるとのことです。鐘の外面にはパーリ語で文字が刻まれています。この鐘は触われるほどの至近距離まで近づけます。

・マハーボディー寺院

境内の北東部にある、少し様相の異なる仏塔です。これはインドのブッダガヤにある寺院をまねて作られたものです。オレンジ色を基調にした方錐形の塔の平面部分はグリーンに塗装され、縦二列の細かな方形区画が設けられています。そこには仏陀に関する一生などの伝承説話が描かれています。

守護精霊ナッの像

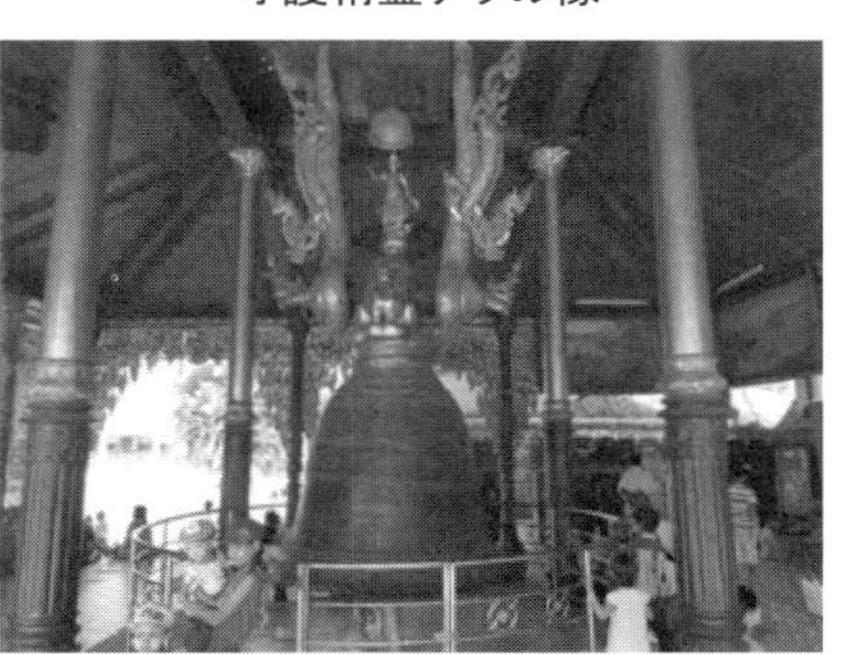

マハーガンタの釣鐘

マハーボディー寺院

・ミントン王の傘のアンティーク

境内の東側にある建物で、一八七一年にミントン王によって寄進されましたが、後に火災で失われ、一九九九年に再現されたものです。中に入ると大型の傘の骨が広げられた部分がよく見えます。これがどんな目的で造られたのかはわかりません。

このほか、仏足石、オッカラバ王の像、ポー・ミン・ガウンの像などの見所が多くあります。

❖スーレー・パヤー　Sule Paya

ヤンゴン市街地の中心部に位置する寺院です。ヤンゴンの都市計画はこの仏塔を基点につくられているようです。金色に輝く仏塔は最も目立つ市街地のランドマークです。仏塔の高さは四六メートルもあります。独立記念碑の建てられているマハバンドゥーラ公園に隣接した人通りの多い地域にあり、ロータリーの中に建っているので信号がありません。道路の横断には注意する必要があります。

スーレーとは「聖髪」という意味ですが、この仏塔には仏陀の遺髪が納められていると伝えられ、国民の信仰を集めています。階段を昇ると仏塔がそびえる広場に出ます。かなり高い位置ですが、市街地を眺望することはできませんでした。

ミントン王の傘のアンティーク

スーレー・パヤー

❖ボータタウン・パヤー　Botahtaung Paya

ヤンゴン川の渡し船の乗船場近くの川岸にある寺院です。伝承によると、二五〇〇年以上も昔、八人の僧がインドから仏陀の遺品を持ち帰り、この場所に安置したのが始まりであるとされています。名前の起源は僧侶の警護をした一〇〇〇人の兵士のこととされています。ただ、なぜ僧侶に護衛が必要だったのかはよくわかりません。

第二次大戦当時、イギリス軍の爆撃によって仏塔が破壊されてしまいます。やがて仏塔が復元されますが、その際、かつて仏塔に納められていた多くの宝物とともに仏陀の髪や歯が見つかり、それらの遺品を保存、公開する施設を新たにつくりました。壁面はまばゆいばかりの黄金で覆われ、仏陀の髪は黄金の室内に特別安置され、人々の信仰を集めています。

遺品の展示スペースの前には金網や柵が張り巡らされ、とても観賞に適しているとはいえません。防犯のためなのでしょうが、せめてガラスを磨くとか、何とかしてほしいものです。

❖チャウッターヂー・パヤー　Chauck Htat Gyee Paya

この寺院には巨大な寝姿の仏像があります。二〇世紀初めに造られたものが損壊したため一九六六年に再建されたものです。全長七〇メートル、高さ

チャウッターヂー・パヤーの寝仏

金網に向こうに展示品

一七メートルの寝仏の表情は実に優美で、また足裏には黄金で仏教の宇宙観が描かれています。なお仏像の周囲には寄進した人の名前を記した札が掲げられています。

❖ナーガ洞窟パヤー　Naga Cave Paya

ヤンゴン市街地郊外のインヤー湖の北二キロのところにある寺院です。「洞窟」はありませんでしたが、ここはミャンマーの僧侶の養成、教育を行う重要な機関だそうです。境内にはたくさんの若い修行僧が修行に励んでいました。

ガイドブックには載っていますが、観光客向けのお寺ではないようです。

❖トワンテー　Twante

ヤンゴン市街地の南約二〇キロ、この町は焼き物の生産地として知られています。ヤンゴンから渡し船で対岸のダラに行き、そこから車で一五分ほどで着きます。

町全体が陶器づくりを行っているようです。あちこちで、ロクロを回したり、窯で焼いている様子を見ることができます。乾燥中の製品も並べられています。また屋内ではロクロを引いている姿も見ることができます。また、引き手とは別の人が足でロクロを回すというミャンマーに特徴的な光景もみられます。

陶器づくりの町トワンテー

❖ヤンゴン環状鉄道　Circular Train

　ヤンゴン駅から市街地を一周する環状鉄道があります。駅の数は全部で三八もあり、市民の足として広く利用されています。使われている車両の中にどこかで見たことのあるものがありました。かつて日本の線路を走っていたものでした。とても懐かしい感じがしました。鉄道ファンにはかなり人気があるようで、これを見たくてヤンゴンを訪れる人も少なくないようです。

　ヤンゴン駅で乗り込みました。座席はほぼ埋まった状態で出発しました。スピードは実にのんびりとしており、飛び乗り、飛び降りはいつでもできるほどです。途中の駅で、物売りの人たちが乗り込んできました。車内がにぎやかになりました。籠いっぱいのゆで卵を売り歩く人もいれば、バナナ、タバコから歯ブラシ、櫛、洗剤などの日用品まで車内に広げてお店を始める人もいます。自転車を持ち込んでくる乗客もいます。普段着姿の人が多く、背広姿の人や着飾った人はいないようです。

車内で物売りが始まる

　ドアは開けっ放しというか、もともと付いていませんし、駅も無人駅です。車内で検札があると聞いていたのですが、私が乗った時は何もありませんでした。わずか三〇分程度の乗車でしたが、ヤンゴン市民の日常の姿を垣間見ることができたように思えました。

バゴー　Bago

ヤンゴンから北東約七〇キロのバゴーはバゴー管区の州都です。一三世紀から一六世紀にはモン族の都として栄えた古都で、ベグーとも呼ばれました。しかし一八世紀の中頃にコンバウン王朝を開いたアラウンパヤー王によってこの地が征服されて以来、かつての繁栄の姿に戻ることはありませんでした。

王宮跡の発掘が行われ、整備されて博物館として公開されています。近接して考古博物館があります。

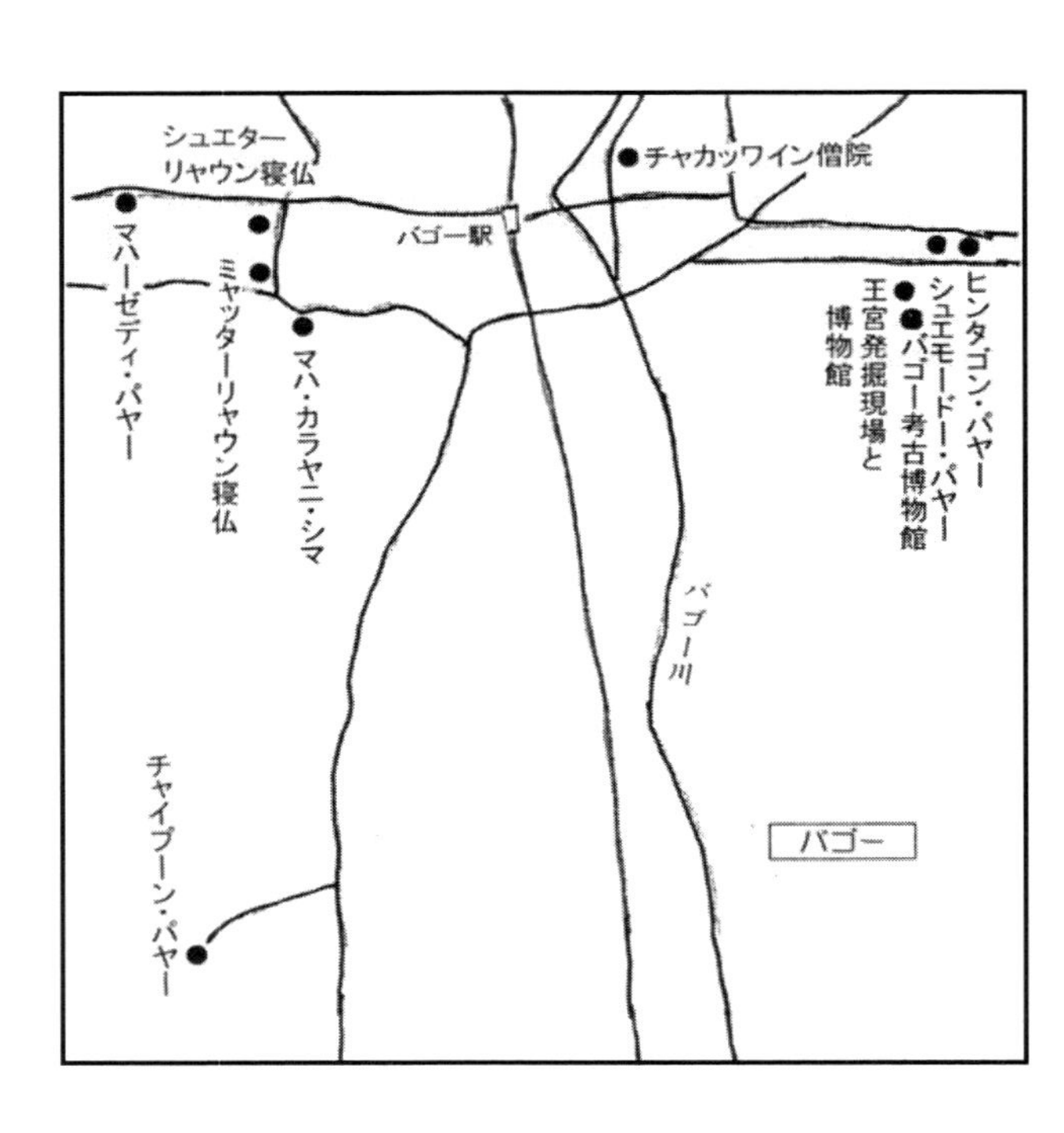

❖王宮発掘現場と博物館
Kanbawzathadi Palace and Museum

王宮跡はかなり広いのですが、現状は煉瓦積基壇が残されているだけで、周囲は雑草が繁茂する荒れ地になっています。基壇の部分は雑草が刈り取られていますが、柱の位置までは確認できません。少し行くと、覆い屋が架けられた遺構があります。ここには多角形、おそらく六角形の煉瓦積基壇と柱の痕跡が確認できます。

次に王宮の復元建物があります。ここは「博物館」と表示されていました。バガンやシェイボーなどの王宮復元建物とも似ているようです。表面が黄金色に塗装されているので一見豪華に見えますが、よく見ると壁が崩れたままになっていたり、屋根が一部崩落していて、結構荒れています。

復元された玉座

玉座の部分は重点的に復元作業が行われたようで、細かく豪華な装飾が施されています。玉座の周りは一段高くなり、周囲には廊下が取り付けられています。

復元建物を出ると、熱帯の太陽光線の洗礼を受けます。その先には、手前の覆い屋よりも大きい、横二七メートル、奥行一五メートルの覆い屋が設置されています。その下には多数の柱痕の木材が煉瓦を円形に囲んだ中に置かれています。ここはミャンマー政府の考古学局と国立博物館によ

王宮跡の発掘現場と復元建物

って一九九〇年に発掘調査が行われた場所であることが表示されています。砂地の地面に規則正しく配置された柱を見ると、宮殿の主要な建物であったことがうかがわれます。

この覆い屋の先には煉瓦積基壇がいくつか残されており、それらを結ぶ橋も架けられています。橋を渡ると横長の基壇があり、さらに先へ続いています。基壇上は雑草が繁茂し詳細は観察できません。さらにその先には基壇は見られず、王宮外へと連なっています。これが遺跡であることはわかりますが、説明がないので少々フラストレーションが残りました。

多数の柱痕の木材

大きな覆い屋

❖バゴー考古博物館　Bago Archaeology Museum

バゴーの市街地の中心部にある旧王宮の地域内に、六角形の平屋建ての博物館があります。入口正面には直径五〇センチもある木の柱の一部が置かれています。柱痕の科学分析によると、材質はチーク材で、樹皮などから割り出された年代は、今から約一八〇年前であるとのことです。この柱は原木が切り出されてからあまり時間を経ずに宮殿の柱として用いられたことがわかります。

この後方に高さ八〇センチ余りの石造釈迦如来坐像が八角形の柵に囲まれてポツンと一体安置されてい

ます。その周囲のケースには緑色の釉薬が施されたタイル板や文様を伴う煉瓦、旧王宮の屋根を飾っていた方形の装飾瓦などが展示されています。

露出展示されている遺物もありますが、ガラスケース内には仏像を刻んだ素焼きの板があります。日本では塼仏と呼ばれるもので、モン族の首都であった一三～一六世紀のものとされています。刻まれている仏像は釈迦如来が大半を占めており、立像、坐像のほか、釈迦を中心に脇侍を伴った三尊仏や二尊が並立する像もあります。どれも丁寧に造られた作品ばかりです。奈良の飛鳥地域の寺院から多く出土しているものとよく似ています。

直径50センチもある柱の一部

石製の釈迦如来座像

青銅製、木造、石造等材質はいろいろですが、大小さまざまな仏像が集められています。この地域に君臨した王朝が仏教に厚く帰依していたと推定されます。このほか、一五～一六世紀にマルタバンから輸入された釉薬を施した高さ一メートル、胴径一メートルの大きな壺や、ピュー時代の文字の刻まれた石板も展示されています。

王宮から発掘された木材遺物が多数置かれています。また、王宮の建物の床や側壁に貼られていたタイルは、緑色、白色、水色と色彩豊かです。煉瓦のブロックは、日本の古代遺跡から出土する塼よりも焼成が甘く軟質なようです。

陶磁器の展示では、中国から輸入したと見

られる青磁に混じって地域色豊かな製品も見られます。また黒褐色釉の壺などもみられました。

青銅製のベルがいくつも置かれていましたが、おそらく楽器として使用されたのでしょう。このほか、皿や装飾金具、仏具、銅鑼なども見られました。鉄製品では、大きめの武器、斧などが展示されています。

見学順路の最後に、展示されている遺物が発見された遺構調査の様子が写真で示されています。しかし発掘調査はごく一部で行われただけのようです。

バゴーの寺院

❖ヒンタゴン・パヤー　Hintha Gon Paya

バゴーのシンボルともいえるシュエモードー・パヤーの仏塔を西に臨む小高い丘の上にある寺院です。東参道から行くと約五〇〇メートルも歩かなければならないのですが、自動車で参道を登ったので歩く距離はわずかな石段だけでした。階段の踊り場には薄青色と小豆色のタイルが敷かれています。

ヒンタという鳥が海から飛来してこの丘に降りたという伝承があり、それが寺の名前の由来となっています。丘の頂上にはヒンタの像が建てられています。

寺院中央の仏塔はマンダレーヒルの設計者とされるウー・カニによって建設されたもので、黄金色に塗装されています。床には赤紫と薄緑色のタイルが貼られ、天井付近の窓壁には釈迦説法図が掲げられています。境内の入口

ヒンタゴン・パヤーの内部

側にナッ神像が安置されています。色彩豊かなマネキン人形ですが、その前には参詣者の供物がたくさん供えられています。

この寺院の境内からはバゴーの街並みが一望できます。町は木々が豊かで、まぶしい太陽に照らされて輝いていました。

❖シュエモードー・パヤー Shwemawdaw Paya

バゴーのシンボルとして親しまれ信仰を集めている寺院です。中央には大きな仏塔がそびえています。この寺の創建は一二〇〇年以上さかのぼると伝えられていますが、正確な年代は定かではありません。仏陀の遺髪を二本納めるために高さ二三メートルの仏塔を建てたのが始まりであるとされています。

仏塔は八二五年に高さ二五メートル、一三八五年には八四メートル、一七九六年には九一メートルと改修のたびに高くなっていきました。しかし一九一二年、一九一七年、一九三一年の地震で大きな被害を受けます。とくに一九三一年の地震では塔が崩落するという大きな被害を受けましたが、信者、民衆から多くの寄付が集まり、一九五四年に仏塔が再建されました。ちなみに現在の高さは一一四メートルあり、ヤンゴンのシュエダゴン・パヤーの仏塔よりも高く、威容を誇っています。

参道を登っていくと、黄金色に輝く雄大な仏塔が見えてきます。その途中に昔の地震で崩落した塔の一部がそのまま残っています。煉瓦積みの円柱形のもので、外面の塗装などはほとんど剥がれていますが、この仏塔の前で手を合わせる信者の姿が印象的でした。

シュエモードー・パヤー

中央の仏塔のほかの堂舎にも仏像が安置され、その後背には多くの電飾が輝いています。日本人が考える仏像とはかなり雰囲気が異なりますが、ミャンマーではごく普通の光景です。

❖シュエモードー・パヤー付属博物館
Shwemawdaw Museum

シュエモードー・パヤー境内にある博物館です。外壁が薄緑色に塗装された二階建てのように見えますが、実は平屋の建物です。窓の位置の関係で二階に見えたところに樹下の釈迦像とそれを礼拝する二人の弟子の像が置かれています。派手な彩色の現代作品のようです。

展示室中央に鉄格子の枠で厳重に守られた展示ケースがあります。ここに宝石の装飾品類や金製の仏像などが入っています。鉄格子が邪魔になって見えない部分があるのが残念ですが、防犯上仕方ないのかもしれません。

壁際のガラスケースには数多くの小型仏像が展示されています。五センチもないものから四〇センチ程度のものまで、坐像仏を中心に木造、石造、青銅像などの仏像、僧侶の坐像があ

シュエモードー・パヤー付属博物館

地震で崩落した塔の一部

ります。また、瓦などの建築部材、竪琴、硯、テラコッタ、陶磁器、土器、古銭、小型仏塔等さまざまなものが所狭しと詰め込まれています。

館の外には、一九五一年から一九五四年までの間、工事用運搬車両の台車部分が置かれています。このような車両（トロッコ）が用いられたほどの大工事だったのでしょう。

❖シュエターリャウン寝仏　Shwethalyaung Buddha

全長五五メートルの寝姿の仏像です。九九四年にバゴー王朝のモン族の王のミガディバによって建立されたとされています。王朝の滅亡とともにその存在も忘れられ、やがて熱帯の密林に覆われてしまいましたが、イギリス植民地時代に鉄道建設のためこの地を訪れたインド人技術者によって偶然発見されました。

シュエターリャウン寝仏

寝仏の足の裏

タイル貼りの床面が続きます。寝仏の表情は優しく、体には黄金色の衣を着ています。足の裏や枕にも仏教の独特の素晴らしいモザイク文様が施されています。宝石もちりばめられており、まさに豪華絢爛という言葉がぴったりです。また、後ろには釈迦説法に関する絵画が寝仏と同じくらいの長さに描かれています。ナッ神（精霊）の色彩豊かな派手な像は人々の信仰の厚さを感じさせますが、ある種の神仏習合思想のようにも思えます。

基壇部分の金柵の外側に三段の寄付札が掲げられています。ミャンマー国内だけでなく東南アジア各国や中国、日本からの寄付札もありました。

❖チャイプーン・パヤー　Kyaik Pun Paya

高さ三〇メートルの太い方形の柱の四面に仏坐像が造られています。創建は一四七六年と伝えられています。

伝説によると、この仏像建造には四人のモン族の女性（王女という話もある）が関わっていました。うちの一人でも結婚すれば仏像が壊れるといわれていました。やがて一人の女性が結婚すると、この伝説の通り西側の一体が壊れてしまったそうです。長らく壊れたまま放置されていましたが、現在は修復されています。

タイルを敷き詰められた階段は素足にはとても気持ちの良いものです。ただし直射日光があたる部分は暑くてたまりませんが……。この巨大な仏坐像のまわりにある小さな建物には瞑想する王の姿の像が安置されています。

❖ミャッターリャウン寝仏　Naung Daw Gyi Mya Thayaungf

シュエターリャウン寝仏に通じる道路沿いに全長六〇メートルの寝仏があ

チャイプーン・パヤー

ミャッターリャウン寝仏

ります。野外にある割りには状態はすこぶる良好です。

白い肌と体全体を覆う黄色い衣の姿は人々を魅了しています。寝仏の前にはモルタルづくりの白い象が置かれており、周囲には花が植えられています。反対側の建物では、寝仏が作られた過程を示す写真や小型の寝仏、テラコッタが置かれています。

❖チャカッワイン僧院　Kya Khat Wain Kyaung

ミャンマー最大規模の僧院で、常時一〇〇〇人以上の若い僧侶が毎日修行に励んでいます。廊下には、托鉢を行っている修行僧の列が実物大のマネキン人形のジオラマで再現されています。コンクリートの廊下や洗面所の水場も美しく清掃されており、チリ一つ落ちていません。

訪問した時、僧侶がどんどん集まってきました。写経するグループと仏教経典理論の講義を聴くグループの僧侶たちです。静寂の中、彼らは修行に集中しています。

食堂に行ってみました。ちょうど朝食が終わり、次の食事の準備までの休憩時間らしく、調理人たちが談笑しています。入ってこいと手招きされましたが、何を話してよいのやら、笑顔で会釈して辞去しました。

托鉢を行っている修行僧のジオラマ

❖マハーゼディ・パヤー　Mahazedi Paya

シュエター・リャウン寝仏の北側の道を少し歩くと、大きく高い仏塔が見えてきます。この仏塔のはじまりは一六世紀半ばまで遡りますが、一八世紀半ばにバゴー王朝の時代に破壊され、再建後も一九三一年の地震で壊滅的な被害を受けて廃墟となってしまいました。現在の仏塔は第二次大戦後に再建されたものです。境内にはバガンのアーナンダ寺院を模した小型の寺院があり、これには仏塔も伴っています。

❖マハ・カラヤニ・シマ　Maha Kalvam Sima

シュエター・リャウン寝仏のある所の手前にあります。もともとの建物は一五世紀に建築されたものだそうですが、略奪や地震など度重なる災禍によって、再建工事が完成したのは一九五四年のことでした。シマというのは出家の儀式を行う場所のことで、長い廊下の奥にあります。上部には窓のような三角形の穴が開いており仏像が置かれています。また床面の各所にも仏像が置かれています。

マハーゼディ・パヤー

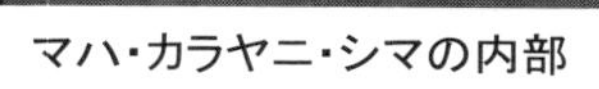

マハ・カラヤニ・シマの内部

バガン　Bagan

ヤンゴンから飛行機で約一時間でバガンに到着します。空港から市街地までは二〇~三〇分、仏塔が多く立ち並ぶ地域へは約二〇分かかります。

バガン王国は、ビルマ族最初の王国で一〇四四年から一二八七年まで繁栄しました。初代アノーヤター王によってはじまり、十一代のナラティハパテ王の時代にフビライの蒙古軍に侵略され崩壊しました。現在残っている建造物の多くがこの時代に建てられたものです。

バガンはかつてはアリマダナプラと呼ばれていました。エーヤワディ川の東岸に都城があり、その周囲約二六平方キロの平原には五〇〇〇とも七〇〇〇ともいわれる仏塔・仏寺があったとされ、現在も約三〇〇〇の遺構が残されています。アンコール・ワット（カンボジア）、ボロブドゥール（インドネシア）とともに世界三大仏教遺跡群のひとつです。

世界遺産登録に向けた運動がありましたが、後世の補修が多く見られたことや周辺整備の問題などで登録には至っていません。別の見方をすれば、補修されているということは日常的な信仰が篤いということでもあるわけです。

城壁に囲まれている地域が考古学保護区に指定されています。この区域を「オールドバガン」と読んでいます。

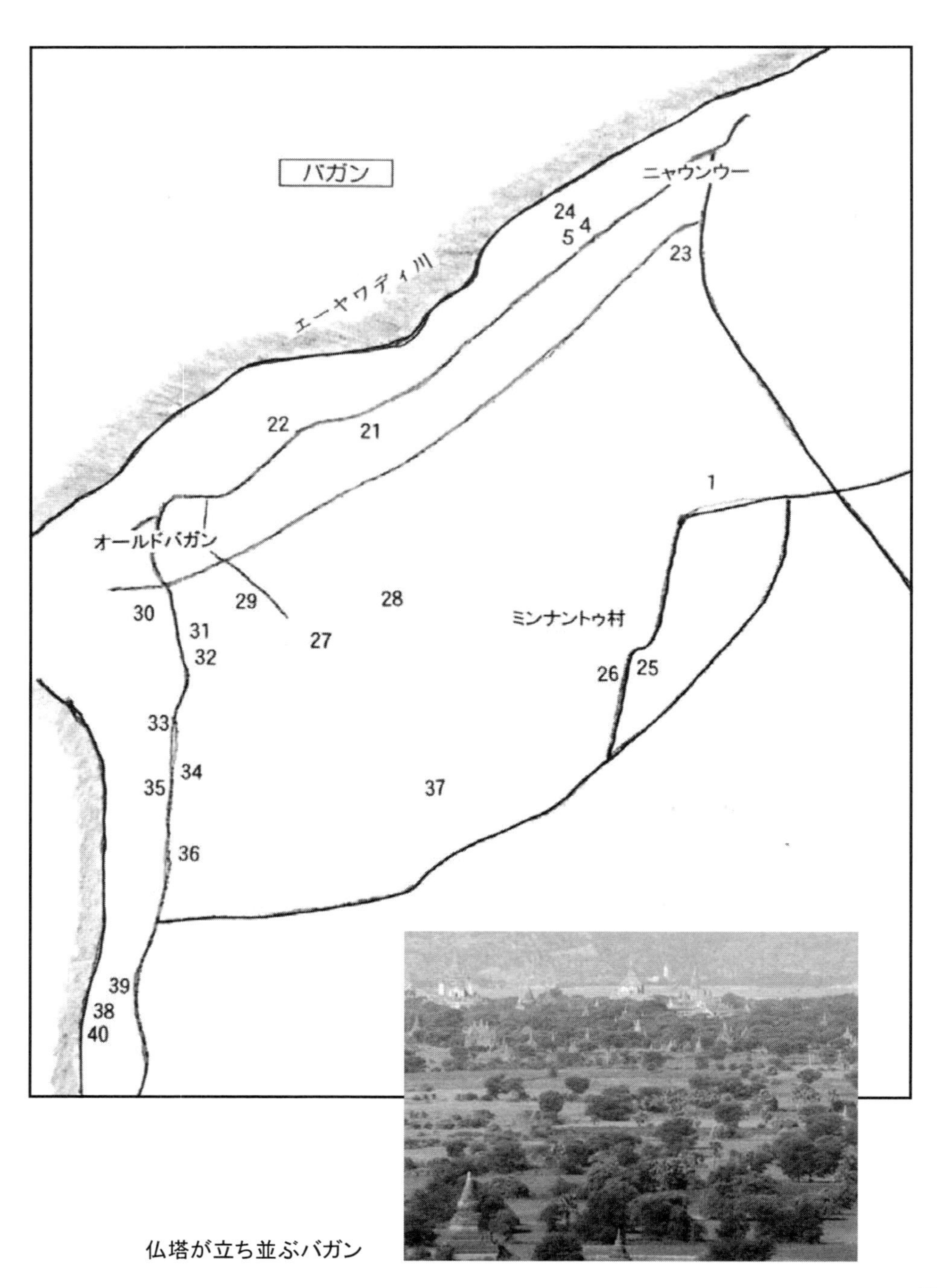
バガン
ニャウンウー
エーヤワディ川
24
4
5
23
22
21
1
オールドバガン
29
28
30
31
32
27
ミンナントゥ村
26
25
33
34
35
37
36
39
38
40

仏塔が立ち並ぶバガン

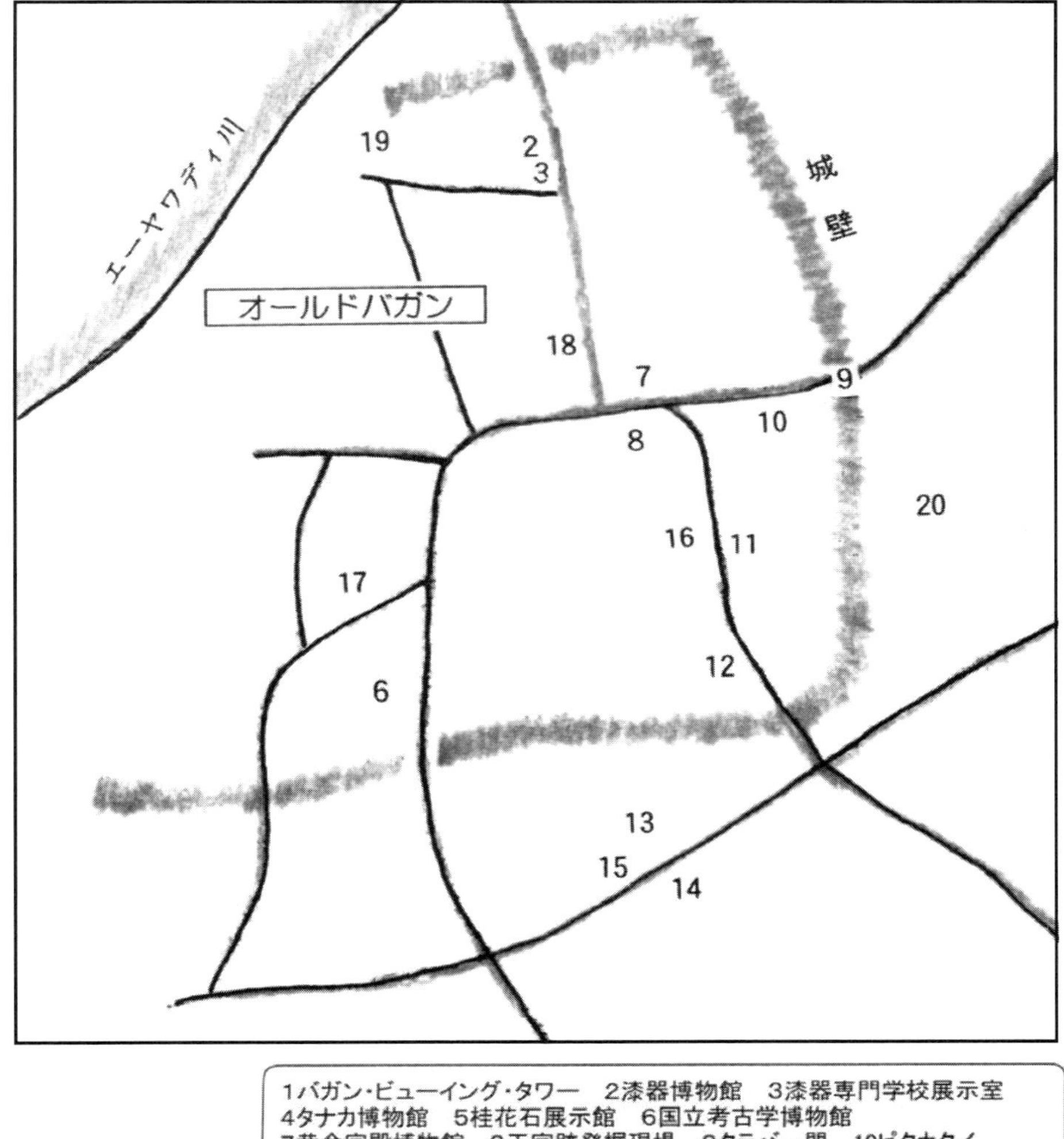

1バガン・ビューイング・タワー　2漆器博物館　3漆器専門学校展示室
4タナカ博物館　5桂花石展示館　6国立考古学博物館
7黄金宮殿博物館　8王宮跡発掘現場　9タラバー門　10ピタカタイ
11タンドージャー石仏　12タビィニュ寺院　13ナッラウン寺院
14ンガクウェナダウン・パゴダ　15パトダミャー寺院
16シュエグーチー寺院　17ゴドーパリィン寺院　18マハーボディー・パヤー
19プー・パヤー　20アーナンダ寺院　21ティーローミィンロー寺院
22ショウ・ヤン僧院　23サパダ・パヤー　24シュエズィーゴォン・パヤー
25タンブラ寺院　26レーミェッナー寺院　27ダマヤンヂー寺院
28スラマニ寺院　29シュエサンドー・パヤー　30ミンガラー・ゼディ
31グービャウッヂー寺院　32ミィンカバー・パヤー　33マヌーハ寺院
34ナガーヨン寺院　35ソーミィンヂー僧院
36セインニェ・アマ寺院とセインニェ・ニィーマ・パヤー
37ダマヤッズィカ・パヤー　38アナ・ペッレイ・パヤー
39アシャ・ペッレイ・パヤー　40ローカナンダー・パヤー

❖バガン・ビューイング・タワー
Bagan Viewing Tower

バガン一帯が三六〇度見渡せる展望タワーです。オウリウム・パレス・ホテルに併設されており、ナン・ミン・タワーとも呼ばれるそうです。塔の高さは六〇メートルあります。一階では機織り機械の実演を行っていました。九階にはガラス張りの展望室がありますが、あと一階分、急傾斜のらせん階段を上ると、さらに素晴らしい眺望が開けます。

❖漆器博物館
Lacquerware Museum

ミャンマーの伝統産業の漆器の博物館が漆器専門学校の敷地内にあります。建物は平屋建ての瓦葺きです。

入口すぐのガラスケースには、バガンの遺跡から出土した一一～一三世紀の漆塗椀や破片が二五点集められています。出土遺物ですから見た目は美しくないものの、漆を何度も塗布したことや漆の厚さがわかる貴重な資料です。展示室の柱は朱塗りで、天井には朱漆の地にサソリが金で描かれているのをはじめ、一年一二ヵ月のシンボル文様が描かれています。

壁面に二個展示されている円形の仏塔は、朱漆を塗布し宝石をちりばめた豪華なものです。いずれも一六世紀の作品です。このほか円柱形の蓋のある

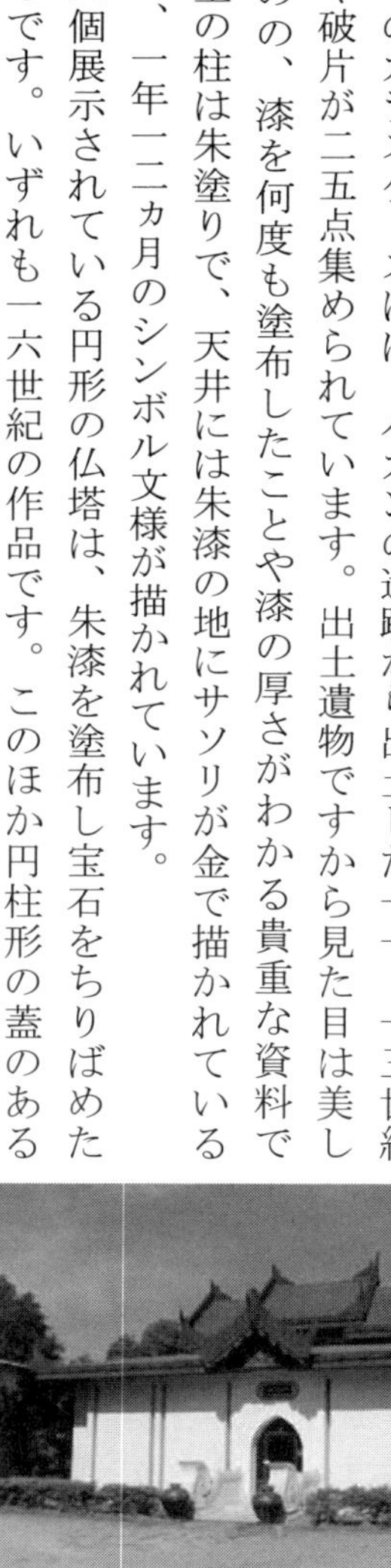

漆器博物館

タワーの入口

展示室の柱は朱塗り

物入れや合子も一六世紀の作品です。大型のものでは、屋形船の外側の鳳凰の装飾は朱漆を塗布されている豪華な作品です。続いて、一九世紀の高さ約四五センチの漆の杯がありますが、つくりがやや雑です。漆器としては珍しい糸車がありました。二〇世紀の作品です。このほか、一九世紀の花瓶や竪琴、テーブルなども展示されています。漆塗りの重箱があります。表面に細かな植物文様を施した四段重ねのもので、一九世紀のお洒落な作品です。

また、外国の漆器も集めて展示しています。中国、韓国、ロシア、インド、ベトナム、日本の作品が見られます。しかし、どれもお土産品として販売されているようなものばかりで、本格的な漆器作品は見かけませんでした。

❖漆器専門学校展示室

漆器博物館の近くにもう一つ漆器の展示施設があります。

一階では、漆器の器胎を作るためのロクロ作業の行程を実演していました。軸に巻き付けられたロープを引っ張りロクロを回し竹や木を削っていきます。案内してくれた女性はこの施設の研修生で、輪島にも行ったことがあると話していました。

展示室中央には高さ二メートルの朱漆を塗布した仏器用花瓶が置かれてい

漆器専門学校展示室

ますが、実用に供されるものではないようです。

また、新しい漆器の試作品が置かれています。パイプ、チェス及びチェス盤など珍しいもののほか、香合、茶筒、箸、箸箱、スプーン、碗、皿、オードブル用容器等、用途は際限なく広がっていくようです。

入口の壁面には漆で描かれた王様の大きな肖像画が掲げられていました。

❖タナカ博物館　Thanakha Museum

ミャンマーの街角で見かける女性は、ほとんど例外なく顔に白いものを塗っています。これは「タナカ」と呼ばれる天然の化粧品です。原料のタナカの木を粉にし、水で溶いて顔につけます。日焼け止め、肌荒れ防止などの効果があるとのことです。タナカの木は道端の露店でも売っています。このタナカの博物館がバガン郊外にあるというので訪ねてみました。

博物館の入口に「世界で唯一のタナカに関する博物館」と表示されています。展示室は一フロアのみで、中央にタナカの原木で組み立てられたオブジェがありますが、

タナカを塗った少女

タナカ博物館入口

タナカ博物館展示室

建設現場の足場のような印象を受けます。壁面には王朝の女性が鏡の前でタナカを塗っている姿を描いた絵画が掲げられています。

展示台の上には硯のような石製品が置かれています。これでタナカを粉にすると説明がありました。書道に使う硯と同じようなものです。壁面にはタナカの原木が並べられています。小さなものは直径二センチ程度の小枝状のもの、大きいものでから直径一〇センチを超えるものまでいろいろです。

博物館の裏手の広場にタナカの樹木が植えられています。展示室で見たような太さの樹木になるにはまだ時間がかかるような、小さな木ばかりでした。

❖桂花石展示館

タナカ博物館の経営者は桂花石の収集もしているようで、そのコレクションを展示する博物館を開いていました。長年地下に埋もれていた植物遺体が化石化したもので、宝石同様、貴重なものです。ここには原石を磨いた置き物やブレスレットやネックレスなどの宝飾品がたくさん並べられています。展示品はすべて販売用らしく、店員の女性が盛んに勧めてきます。

桂花石展示館

❖国立考古学博物館　Archaeological Museum

バガン地区のほぼ中央部に立派な構えの博物館があります。この博物館は最初一九〇四年にタウ・セイン・コーによってアーナンダ寺院の北に建設されました。やがて一九七九年一〇月にゴドーパリィン寺院の南に考古学博物館の建物が完成しました。

門から展示室のある建物までは五〇メートルほど歩きます。本館は堅牢な造りの四階建ての近代的な建物です。入口で荷物やカメラはすべてボックスに入れるように指示されます。奥の壁の全面にバガンのパノラマ風景のフレスコ画が描かれており、かなりの迫力です。その前方には大きな石仏や青銅仏が、また入口のガラスケースには小型の仏像や出土遺物が展示されています。

一階には六つの展示室があります。展示テーマは「バガンの王宮関係の遺物」「バガンの寺院関連の遺物」「バガンの文字遺物（碑文）」「バガンの社会と生活」「バガンの手工業作品」「バガンのフレスコ画ギャラリー」「バガン時代の仏塔およびバガン時代の芸術作品」です。バガン出土の遺物のほか、仏塔、寺院の記録、文字の刻まれた石碑、大理石、砂岩、ブロンズを材料に製作されたバガン時代の仏像などが展示されています。

このフロアで特筆するものに塼仏があります。仏陀の姿を粘土に型押しし、その粘土板を焼いて造られたテラコッタすなわち小型の素焼きの板のこ

考古学博物館

とです。手のひらサイズのものがもっとも多く、仏教徒はこれを多く製作し仏塔の基底部に埋める習慣があったようで、数多く出土しています。この行為は仏教徒の現世での善行功徳と信じられ、バガン仏教美術を構成した一つの要因となっています。バガン王朝初代のアノーヤ王は表面に仏陀の姿を刻んだ多くの塼仏を作ったといわれています。とくに釈迦八相図を表現したものが多く、遠く離れたインドのパーラ王朝の影響が及んでいたことを示しています。この他、バガンの民俗の展示、服装や冠、農業をはじめとする生業、遺跡の姿を描いた現代絵画などの作品も見ることができます。

ヤンゴンの国立博物館と同様、ここも内部の照明が暗く、展示品の細かな部分が見えにくいという欠点がありますが、昼間は外からの光が入るので何とかなります。見学は早めの時間がお勧めです。

❖黄金宮殿博物館　The Bagan Golden Palace Museum

バガン王宮の発掘調査の成果をもとに復元されている王宮の建物を公開する博物館です。王宮の発掘現場とは道を隔てて反対側に位置しています。五年の歳月をかけて二〇〇八年一月に完成しました。周囲はラテライトの塀で取り囲まれています。

王宮の発掘は、一度に下層にまで掘ってしまったため、時代の重層状況などがわかりにくくなってしまいました。それが、屋根や屋根の上の塔屋まで見事に復元されています。黄金宮殿の名の通り天井や壁面にはすべて金箔が貼られ、まばゆい光を放っています。柱には赤茶色のペンキが塗られ、下から一メートルほどの位置に金箔がめぐらされています。建物全体

黄金宮殿博物館

が同じような感じです。

門正面には上部に重層の塔が飾られている建物があります。塔門のようです。高さ約一メートルの基壇の上に建てられ、壁面には細かな透かしがあり涼しげです。この建物にはSouth Entrancd Hall（西側入口ホール）という表示があります。建物の前方には広場があり、そこには駅馬車のような形の馬車が二台置かれています。

玉座の出入口

基壇上の廊下を歩いていくと三階建てのような建物があります。Connecting Pallace（接見の宮殿）と表示され、巡らされた木柵にも金箔が貼られています。続いて王族のレセプション用のピインサバダ・ホール、さらに奥には王の玉座の出入口の扉があります。ここから奥は王宮のプライベートスペースで、王女、王妃の寝台が三台置かれています。寝台はベンガラ色に塗装された木製品です。

❖王宮跡発掘現場

黄金宮殿の向かい側に発掘現場があります。広大な面積の現場で地表面から平均一・五メートル掘り下げていますが、発掘して遺構が露呈した部分には覆い屋の屋根が付けられており、見学できるように配慮されています。また主要な遺構には見学用の歩道も設置されています。遺物が見つかった時は、出土した状態のままケースを被せて見学できるようにしてあります。し

王宮発掘現場

かし、ほとんどは発掘調査後そのままの状態で放置されており、雨季の大量の降雨によって損壊しているところも多いようです。

日本では、放置はせず、すぐに埋め戻すという処置がとられますが、ここでは予算不足のせいか、放置もやむを得ないということなのでしょう。幸いガイドとして同行してもらったタンさんの計らいで調査地域内の見学が許されましたが、一般の観光客は外部の柵の外からしか見学できないようです。

バガンの寺院

バガンの数多い仏塔、寺院の大半は十一世紀から十三世紀のバガン王国時代に創建されたものです。美しく描かれた壁画が残っている寺院も少なくありませんが、傷みが激しい壁画のなかには、色が塗り足されたり、白く上塗りされているものもあります。こうした行為は遺跡・遺物に改変を加えることでもあるのですが、ミャンマーでは仏像の表面に金箔を施していくのと同様、篤い信仰心の現われと捉えられているようです。皮肉なことに、バガンの仏教遺跡、遺産が世界遺産に登録されなかったのは、このことも大きな障害になっています。

今回、バガン地区の壁画の調査に長年携わってこられたタンさんの案内で、多くの貴重な壁画を見る機会を得ました。素晴らしいテラコッタの浮き彫り作品やフレスコ画で描かれた壁画作品は完全に残っているものもありますが、長年の風雨、直射日光、温度変化などによって剥落や褪色の危険にさらされているものも少なくありません。これから先、失われてしまうかもしれないものを少しでも記録として残しておきたいと思います。

❖タラバー門　Tharabha Gate

ピンビャー王の時代の九世紀、王都バガン防備のために城壁が設けられました。この門はその名残りです。この城壁の内側がオールドバガンです。門の両脇の祠堂にはバガンの守護神であるマハーギル、ナッの兄妹の聖霊像が祀られています。さらにこの門の両脇には煉瓦積みの城壁と濠が続いています。

❖ピタカタイ　Pitakat Taik

タラバー門を入ってすぐ、一〇五八年に創建された五層建築の三蔵経庫裡があります。シュエズィーゴン・パヤーなどを建てたことなどで知られるバガン王朝初代のアノーヤター王は、タトオン国を征服した際に多くの貴重な経典や文物を象に載せて持ち帰りました。その際、象三〇頭がこの場所で止まってしまい、動かなくなりました。やむなく、運んできた仏典を収容するための施設をつくったのがこのピタカタイです。

内部に入ることができます。目を凝らして見ると結構広い空間ですが、現在、中にはなにも入っていません。壁面に見られる小窓は、唐草文様や蓮華文様、獅子をあしらった文様など三種類の透かし文様のデザインです。

ピタカタイ

タラバー門

❖タンドージャー石仏

Than Dawkya Gu Paya

一見ミイラのようなこの仏像は、ポッポ山から産出した凝灰岩で作られています。右手を前におろし、左手は膝の上においていますが、腕の先端部分は失われています。かつては漆喰が施されていたと考えられますが、今ではその姿をとどめていません。

タンドージャー石仏

❖タビィニュ寺院

Thatbyinnyu Temple

オールド・バガンの城壁内にある寺院です。高い塔が目立つ美しい姿が印象的です。一一四四年、バガン王朝第四代アラウンスィードゥー王によって創建されました。

タビィニュ寺院の壁画の仏像

タビィニュ寺院

内部には壁画が残っています。十八世紀頃に描かれたものとされ、天井には円形の蓮華文様などが見られます。側壁の仏像はかなり剥落が目立ちます。壁面の一画が白く塗りつぶされており、無残な姿となっています。

❖ナッラウン寺院　Nathlaung Temple

タビィニュ寺院の東北約四〇〇メートルにあるこの寺院は、仏教寺院が大半を占めているバガン地域内で唯一のヒンズー教寺院です。寺の南のミンカバーで発見された石碑によると、この寺はヒンズー教を信奉するインド人のために建てられていたとされています。創建年代はバガンに仏教が伝播する前のこととされていますが、詳細は不明です。寺院の名前には「魂が閉じ込められている寺院」あるいは「神の寺院」という意味があるそうです。

寺院の建物は大半が失われ、メインホールとされる建物のみ現存しています。外壁と内側廊下壁面のヴィシュヌ神の一〇の化身を表現した像からヒンズー教寺院であることがわかります。

ナッラウン寺院

ンガクウェナダウン・パゴダ

❖ンガクウェナダウン・パゴダ　Ngakywenadaung Pagoda

ナッラウン寺院の向かい側にある仏塔です。建立年代は一一三一年とされています。このように仏塔のみが単体で残っている例は珍しいようです。下方に基壇があり、球根状あるいはナッツ状と表現される仏塔上部は緑色の釉が施された煉瓦でカバーされ、ガラス質の表面が太陽光線を受けてまぶしく光っています。仏塔本体に大きくえぐられた空洞があります。盗掘者に荒らされた痕跡でしょう。

一九七五年、一九八一年の地震では、ひび割れなど大きな被害を受けました。

❖パトダミャー寺院　Pahtothamya Temple

ナッラウン寺院の南西にしばらく進むとこの寺院に突き当たります。やや小さめのこの寺院はバガン王朝時代の初期に建設された典型的な寺院で、高さ二六メートル、幅一七メートル、奥行き三〇メートル、両側に塔を備えた均整のとれた建物です。バガン王朝の伝説上の王であるタウントゥジーによって十世紀に創建された五つの寺院の一つとする説や、内部の壁画調査からソウル王によって十一世紀に建設されたとする説があります。また、九世紀から十一世紀のモン族のタトゥン王国の建築様式の特徴が見られることも知られています。

内部は薄暗く、目が慣れるのに少し時間が必要です。正面に本尊の仏像が安置されています。側壁には創建当初のフレスコ画による壁画が残されています。一部には朱色などの色彩が残っており、貴重な作品

パトダミャー寺院

パトダミャー寺院の壁画

です。小さな仏像群が描かれている部分や天井には蓮の花がデフォルメされたモノトーンの文様が見られます。

また「聖仙 Kaladevila によるプリンス Siddhattha の予告」と題された壁画が見られます。聖仙とはサンスクリットでヴェーダ聖典を感得したという神話・伝説上の聖者あるいは賢者達のことです。漢訳仏典などでは「仙人」などとも訳されています。彼が皇子に対して予言したという故事を表現したものだそうですが、予言の内容はわかりません。ひげを蓄えた予言者と皇子のいる場所には三層の重厚な塔屋が描かれています。宮殿だと思われます。

❖シュエグーチー寺院 Shwegugyi Temple

タビィニュ寺院の北に隣接する寺院で、一一三一年、アラウンスィードゥー王によって創建されました。寺の名前は「偉大なる黄金の洞窟」という意味です。一五五一年に大改修が施されていますが、創建当初の姿も一部には残っているようです。内部の側壁には漆喰を施した上に仏像や蓮華文様などが描かれていますが、多くは剥落しています。また、石板にこの寺院の建設が長期にわたったことが記されているとのことでした。

❖ゴドーパリィン寺院 Gawdawpalin Temple

オールド・バガンの城壁内にあるこの寺院は一一七四〜一二一一年に

ゴドーパリィン寺院

かけて建てられたもので、二層式の建物から構成されています。ナラパティスィードゥー王がスラマニ寺院を建設した後にこの寺院を建て始めました。しかし王が途中で亡くなったため、息子のナンダウンミャー王が完成させました。

　一九七五年の大地震で上階部分とその上にあった塔が崩落してしまいました。現在では修復され、高さ五五メートルの塔が見られます。ちなみに、バガンでは二番目の高さです。

　入口上部の装飾がすばらしい寺院です。正面の本尊の後背部、天井、壁面にかつては壁画が描かれていたと見られますが、現在では白く塗装され、一部にその痕跡を留めるのみです。

寺院の本尊

❖マハーボディー・パヤー　Mahabodhi Paya

　オールド・バガン内にあり、漆器博物館へ通じる道路に面しているこの寺院の形はバガンでは異彩を放っています。一二一五年、第八代王ナンダウンミャーの時代に創建されたもので、インド、ブッダガヤの聖地にある寺院を模して造られたとされています。

　立方体の建物の上に八層の装飾を施した高い塔が建てられています。塔の各層には中央と左右三体の仏像が見られます。さ

マハーボディーー・パヤー

らに本堂の周囲四隅には三重の小さな塔が付属しています。本堂の側面には何段にもわたって九体の仏像が刻まれており、境内には仏塔や煉瓦積みの建物遺構が残されています。

❖ブー・パヤー　Bu Paya

七～八世紀頃、ピュー族によって建てられたといわれている円形の仏塔です。エーヤワディ川の近くにあるので川を行く船の目印になっていたようです。一九七五年の大地震で崩れ落ち、川に流れてしまいました。現在はかつての姿に完全に復元されています。塔は燦然と黄金色に輝いています。仏塔の側に仏像を安置する堂が建てられており、多くの人たちが参拝していました。

❖アーナンダ寺院　Ananda Temple

タラバー門手前の南側にあるこの寺院は、堂々とした外観から最も美しい寺院と言われています。チャンスィッター王によって一〇九一年に創建されました。本堂は六三メートル四方の正方形で、四方向に入口が設けられています。中央の五〇メートルの塔とのバランスは見事です。堂内には四体の仏像が安置されています。この四仏のうち南北の二体

ブー・パヤー

アーナンダ寺院

は創建当初のもので、東西の二体は火災などによって失われたものが後に新造されたものです。

❖ティーローミィンロー寺院　Htilonminlo Temple

ナンダウンミャーが一二一五年、この地でバガンの王位継承者に選ばれたことを記念して建てられた寺院です。建物は二層構造で、一層目には表情の異なる四体の仏像が安置されています。四体の仏像には金箔が貼られ黄金色に輝いています。仏像の後背部の天井にはフレスコ画が残されています。仏像は一八世紀の作品、絵画は一三世紀の建立当初のものだということです。現在二層には入れませんが、ここにも四体の仏像が安置されているとのことです。

ところで、ナンダウンミャーの父王は五人の王子の中から後継者を選ぶ際、傘が倒れた方向に座っていたものを指名したという伝説が残されています。このことからナンダウンミャー王は別名ティーローミィンロー（傘の王）とも呼ばれていたということです。

寺院の外壁には、石造彫刻の仏像、緑の釉薬をかけた美しいテラコッタなどがはめ込まれ、雨樋の先端にも何気ない装飾が施されています。

❖ショウ・ヤン僧院（仏塔第二〇〇七号）　Shao Kyaung Monastery

オールドバガンから北東方向約二キロにある「仏塔第二〇〇七号」として登録されているショウ・ヤン僧院の内部を見学することが出来ました。

外見はごく普通の新しそうな仏塔ですが、内部の壁画から見て創建は十七～十八世紀頃と考えられます。

ショウ・ヤン僧院の仏塔

本尊と壁画

白い仏塔の前方に木造の前堂があります。扉は木製で、内側には朱と黄色で描かれた色鮮やかな文様が見られます。本尊前方の壁面には、朱色、緑色などの顔料で描かれた曼荼羅のような仏教画が残されています。今描かれたばかりと思わせるような鮮やかさです。いずれも十七～十八世紀の作品と考えられています。残念ながら、雨漏りによって壁面が剥落寸前になっている所もあります。早急な補修処置が必要だと思いました。また境内には木造二階建ての僧院があります。

❖サパダ・パヤー　Sapada Paya

周囲を道路に囲まれたロータリーの中央の丘に位置しています。道路側には階段があり、周囲を取り囲む煉瓦塀と正面には階段が一〇段と簡単な門が見られます。階段の右傍にはコンクリト造りの新しい小さな休憩小屋が造られています。茶色い煉瓦を積み上げて造られた大きな仏塔は一二世紀にバガン王朝第七代ナラパティスィードゥー王の時代にパテインの僧侶サパダによって建立されました。彼は

サパダ・パヤー

後にセイロンにわたっていきました。

仏塔は細長い釣鐘状のシンハラ式と呼ばれる様式で、オールドバガンの北にあるペビィンチャウン・パヤーの仏塔によく似ています。塔の正面など四方に礼拝用の床敷きや壇が設けられており、供花や供物が供えられています。

❖シュエズィーゴォン・パヤー　Shwezigon Paya

オールドバガンを出て北東方向のニャウンウー村にある、バガンを代表する仏塔を有する寺院です。バガン王朝初代のアノーヤター王によって建設が始められましたが、あまりに規模が大きすぎたため王在位中には完成せず、次のチャンスイッター王の時代の一〇八七年に完成しました。

最初の寺院はエーヤワデイ川の岸辺に建てられていたそうです。しかし川の氾濫による水害がひどく、内陸側の現在の場所に移築されました。シュエは「黄金」という意味で、仏塔の表面には金箔が貼られ黄金色に輝いています。

仏塔には仏陀の額の骨と歯が納められていると伝えられています。仏塔の四方向の角にも小さな仏塔があり、高さ約四メートルの仏像が安置されています。

シュエズィーゴォン・パヤー

❖タンブラ寺院　TThambula Temple

オールドバガンの東、ミンナントゥ村にある寺院で、北側に隣接するパトヤンズ寺院とともに第一〇代王ウザナーの王妃タームブラが、即位後五年で暗殺された王の供養のために一二二五年に建立したものです。建物の外観はティーローミインロー寺院によく似ています。堂内には美しいフレスコ画で描かれた仏像の壁画などが残されています。

❖レーミェッナー寺院　Lemyethna Temple

タンブラ寺院の南西、ミンナントゥ村との間に白亜の仏塔があります。この仏塔の右側には煉瓦造りのかつての僧院が残っています。内部はがらんとしていますが、中央の廊下と一、二階合計八つの瞑想室があります。この建物の奥にももう一棟同じような構造の建物があったようですが、現在は大半が破損し、わずかに壁面の痕跡が残るのみです。

❖ダマヤンヂー寺院　Dhammyanmgyi Temple

十二世紀の後半、アラウンスィードゥー王の二男のナラトゥは、自らが王位に就くため父王と兄皇子を暗殺します。やがてナラトゥは一一六七年（あ

タンブラ寺院の壁画

レーミェツナー寺院の瞑想室

ダマヤンギー寺院

ダマヤンギー寺院の本尊

るいは一一六〇年）に即位し第五代の王となります。しかし父と兄を暗殺したという罪の意識から、それまでにない規模の寺院を建て始めました。装飾など細工の細かい、従来にない変わった寺院の建設でした。しかし彼は一一七〇年に何者かに殺されてしまいます。伝説によると、彼の妻のひとりであったインドの王子の娘を処刑したことから逆鱗に触れ暗殺されたともいわれています。生前からナラトゥ王の評判は芳しくなかったからか、建設工事は継続されず放置されてきました。本尊の仏像だけが納められていますが、現在もなお工事途中の状態です。フレスコ画で描かれた壁画も一部残されていますが、かなり荒れているように見えます。

ちなみに、凄惨な歴史を秘めた遺跡のせいか、ガイドブックには夜になると幽霊が出るという噂もあると書かれていました。

❖スラマニ寺院　Sulamani Temple

ダマヤンギー寺院の北東約一キロに、左右対称の洗練された美しい姿の寺院があります。この寺院は一

スラマニ寺院

一八三年バガン王朝第七代ナラパティスィードゥー王によって創建されました。

堂内の壁面には美しい壁画が描かれています。天井ほぼ全体を覆う円形の蓮華の文様は一部剥落しているものの、十二世紀に描かれた当初のままの姿を残しています。回廊の両側壁面には、十八世紀に描かれた脇侍を従えた三尊仏をはじめ多数の仏像の絵画が見られます。

川を上る船の様子を描いた作品もあります。多数の漕ぎ手が乗り込んだ二艘の船に曳かれた船が川を上って行く様子が見られます。曳かれていく船には高い地位の人が乗船しているのでしょう。このほか、馬や象、鳥などが描かれた絵画は十二世紀の創建当初のものと十六世紀以降に描かれたものが混在していますが、よく見ると後世の作品のほうが雑な表現のように見えます。

❖シュエサンドー・パヤー Shwesandaw Paya

バガン都城の城壁の南東約二〇〇〇メートルにある壮大な外観の仏塔です。バガンがタトォン国を征服後、一〇五七年初代王のアノーヤターによって創建されました。仏塔は五層のテラス面を持つ構造で、中央の仏塔は八角形二層の基壇の上に建てられています。上の

シュエサンドー・パヤー

テラスに上ることができます。バガンでの観光の呼び物の一つでもある夕陽を見るスポットとしても知られており、夕方の時間になると、バガンで最も混雑する場所となり、テラスにはたくさんの人が集まります。

❖ミンガラー・ゼディ　Mingala Zedi

バガン城壁の南約八〇〇メートルにあるこの仏塔は一二八四年にナラティハパティエ王によって建てられました。塔完成の約一〇年後にモンゴル軍の侵略が開始されました。煉瓦で積み上げられた仏塔はその外観とバランスの美しさで人々を魅了しています。

ミンガラー・ゼディ

❖グービャウッヂー寺院　Gubyaukgyi Temple

ミインカバー村の北端にあるこの寺院は、一一一三年チャンズイッター王の息子ヤザクマール王子が父親の追善供養のために建立したものです。建立年代などは碑文から明らかになっており、親孝行な息子が残した偉大な業績として称えられています。長方形の煉瓦積みの基壇の上に建物が建てられています。

内部の壁画の残存度はきわめて良好で、十二世紀に描かれた壁画として高い評価を得ています。回廊の外壁面にジャータカの物

グービャウッヂー寺院

語が描写されています。碁盤の目のように多くの枡が設けられ、その中に物語の一つ一つが丁寧に描かれています。枡は四九六面を数えたとされ、それぞれ簡単な解説がモン語で墨書されています。これらはバガンにおける仏教美術の最高傑作とされています。

内部はかなり暗いので目が慣れてくるまで時間がかかります。

❖ミィンカバー・パヤー Myinkaba Paya

バガン城壁の南方、ミィンカバー村の集落内にあるこの仏塔は、後にシュエサンドー・パヤーなどの塔を多数建立したアノーヤター王がタトォン国を征服する以前に建てた数少ない仏塔の一つです。

アノーヤター王は、政敵でもあった異母兄弟のソウッカテーを決闘によって死亡させてしまいました。その後、王は遺体を川に流し、供養のために建てたのがこの仏塔です。

ミィンカバー・パヤー

❖マヌーハ寺院 Manuha Temple

この寺院は、頑丈なつくりの建物に木造の屋根のある廊下のような建物を継ぎ足しているちょっと変わったつくりをしています。タトォン国の王子マヌーハはアノーヤターに攻撃された際に捕虜となって連れてこられました。やがて

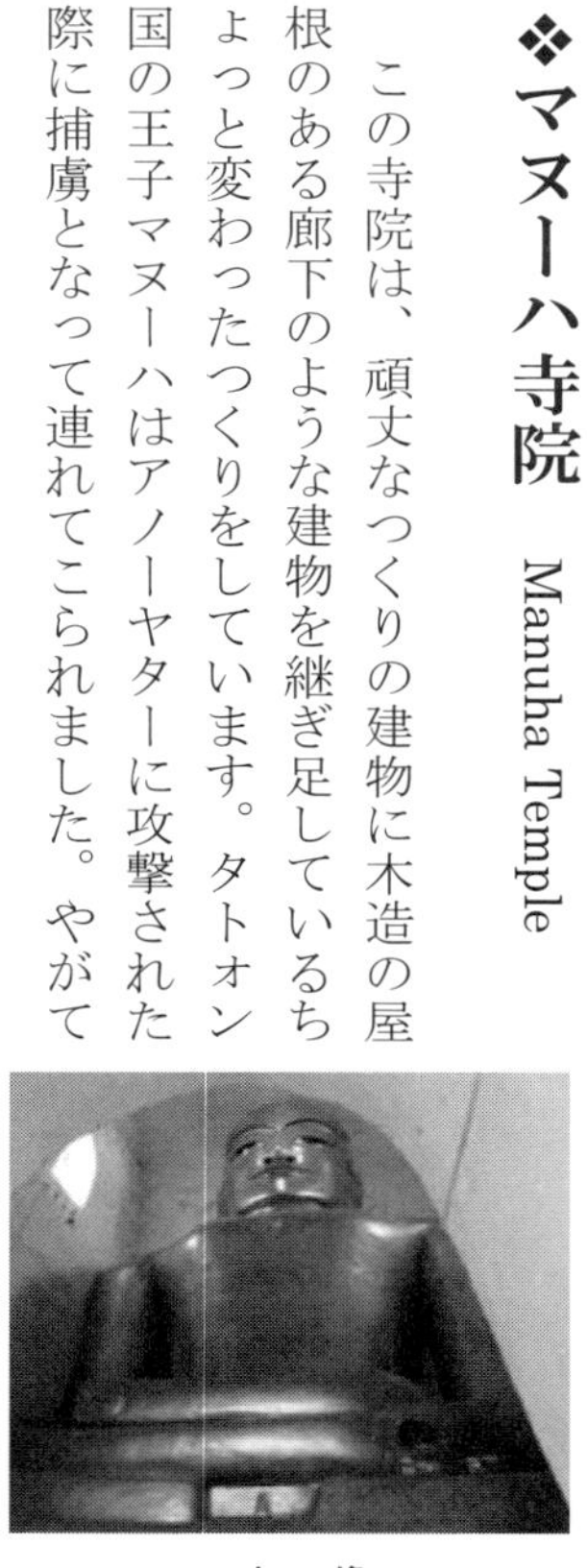

坐　像

マヌーハ寺院

許されたマヌーハは一〇五九年にこの寺院を建てます。
建物は二階建てで、上部に塔があります。内部には三体の坐像と寝仏が隙間もないように詰め込まれています。こんなに窮屈なのは、マヌーハの捕虜体験に理由があるという見方もあるとのことです。

❖ナガーヨン寺院　Nagayon Temple

ミインカバー村の中にあるこの寺院は、バガン王朝第四代の王チャンスイッター王の命によって造られました。左右対称で両側に高い塔があり、バガンで最も優美とされています。

❖ソーミィンヂー僧院　Somingyi Kyaung

ナガーヨン寺院と道を挟んで斜め向かいにある寺院です。中央の祠堂内部には三尊仏が安置されています。仏像の後背部分や側壁には彩色が残されており、壁画が描かれていたことがわかります。境内には、かつて僧侶が瞑想した僧房と思われる小部屋の基礎部分のみ残っています。

ソーミィンヂー僧院の仏像

ナガーヨン寺院

❖セインニェ・アマ寺院とセインニェ・ニィーマ・パヤー
Seinnyet Ama Temple & Seinnyet Nyima Paya

二つの建物が並んでいます。前方のセインニェ・アマ寺院は王妃セインニェが十一世紀に創建したと伝えられています。奥の仏塔がニィーマ・パヤーです。二人の姉妹を祀っているもので、アマが姉、ニィーマが妹です。

二つの建物の周囲に煉瓦を積んだ塀が二重にめぐらされています。ニィーマ・パヤーの四隅には小型の仏塔と獅子像が見られます。セインニェ・アマ寺院には入ることができます。

セィンニェ・アマ寺院とニィーマ・パヤー

天井の壁画（蓮華文）

外から太陽光線が差しこむ入口の天井に蓮華文のフレスコ画が残されています。色彩が残っている箇所をよく見ると鮮やかな茶色でした。仏像の後背は大半が剥落していますが、一部に壁画の痕跡が見られます。側壁にたくさんの小仏像が描かれています。この寺院の壁画はかなり傷んでおり、剥落の跡が痛々しい限りでした。

❖ダマヤッズィカ・パヤー　Dhammayazika Paya

アーナンダ寺院の南東約三キロにあるこの仏塔は、一一九六年バガン王朝第七代のナラパティスィードゥー王によって創建されました。全体的に落ち着いた雰囲気で、塔の部分に金箔が貼られ輝いているのでかなり目立ちます。

ダマヤッズィカ・パヤー

❖アナ・ペッレイ・パヤー　Anauk Petleik Paya
❖アシャ・ペッレイ・パヤー　Ashae Petleik Paya

ティリピッサヤ村の南、バガンを南北に走る道路沿いに二つの仏塔が東西に並んで建てられています。向かって左側がアナ・ペッレイ（西ペッレイ）、右側がアシャ・ペッレイ（東ペッレイ）です。アノーヤター王の時代、十一世紀に創建されました。

アナ・ペッレイ・パヤー

アシャ・ペッレイ・パヤー

仏塔が廻廊の上に建設されている変わった形のものですが、それがわかったのは一九〇五年のことです。発掘調査を行った結果、土に埋もれていた回廊が現れたのです。回廊部分の残存状態は非常に良好で、側壁にはテラコッタの石板がはめ込まれています。板は幅三五センチ、高さ三七センチのほぼ正方形です。

発掘された回廊

ジャータカ物語が刻まれた石板

東側の仏塔には二一一面、西側の仏塔には二三五面の石板が残されていますが、ところどころ欠損しています。表面には釈尊の前世での善行の物語である『ジャータカ（本生話）』が浮彫で表現されています。パリー語のジャータカ名と古代ビルマ文字で物語の番号が記載されています。ちなみに、ジャータカの物語は総数五四七話あり、このジャータカ石板浮彫は、ミャンマーに現存する最古最大のものとされています。

東西の仏塔はほぼ同じ構造と考えられていますが、二〇一四年十二月現在修復工事が行われており、内部の見学はできませんでした。

❖ローカナンダー・パヤー Lawkananda Paya

エーヤワディー川の川岸に、アノーヤター王の時代の一〇五九年に造られた寺院です。寺が川からよく見えることから、王朝の最盛期には川を行きかう船の目印としても利用されました。この川は重要な交易ルートとして利用され、遠くはセイロン地方からも交易船がやってきたと伝えられています。

ローカナンダー・パヤー

バガン地域の仏塔としては比較的古い時期のもので、仏塔は金箔で覆われており、遠くからでもよく見えます。船の方向を知るための目印とされたという話は十分に説得力があります。現在もなお地元の人々の信仰を集めています。
門の入口には古い文字が刻まれた石碑がありますが、何を意味する文字なのかはわかりませんでした。

❖土器づくりの村

バガンから悪路を一時間余り車に揺られて土器つくりをしている村に着きました。この村ではほとんどの家が土器づくりに携わっているようです。とくに農繁期となる雨季を除いた乾季と夏には、現金収入を得るため土器生産に精を出しています。生産されているのは径三〇センチほどの中型の壺で、液体を入れる容器として使用されています。

ロクロは梃子の原理を利用した廻転式のものが用いられています。乾燥を終えた製品は村で決めたところに運ばれ、そこで焼成作業を行います。まず、薪などの燃料を地面に敷き、その上に土器を積み上げ、さらにわらなどの燃料を被せて火を放ちます。焚火の中で蒸し焼きにするというイメージです。数時間後、製品の熱が冷めたら集荷して出荷します。近隣の家庭や市場へ直接卸したり仲買人へ販売したりと、流通形態がさまざまです。

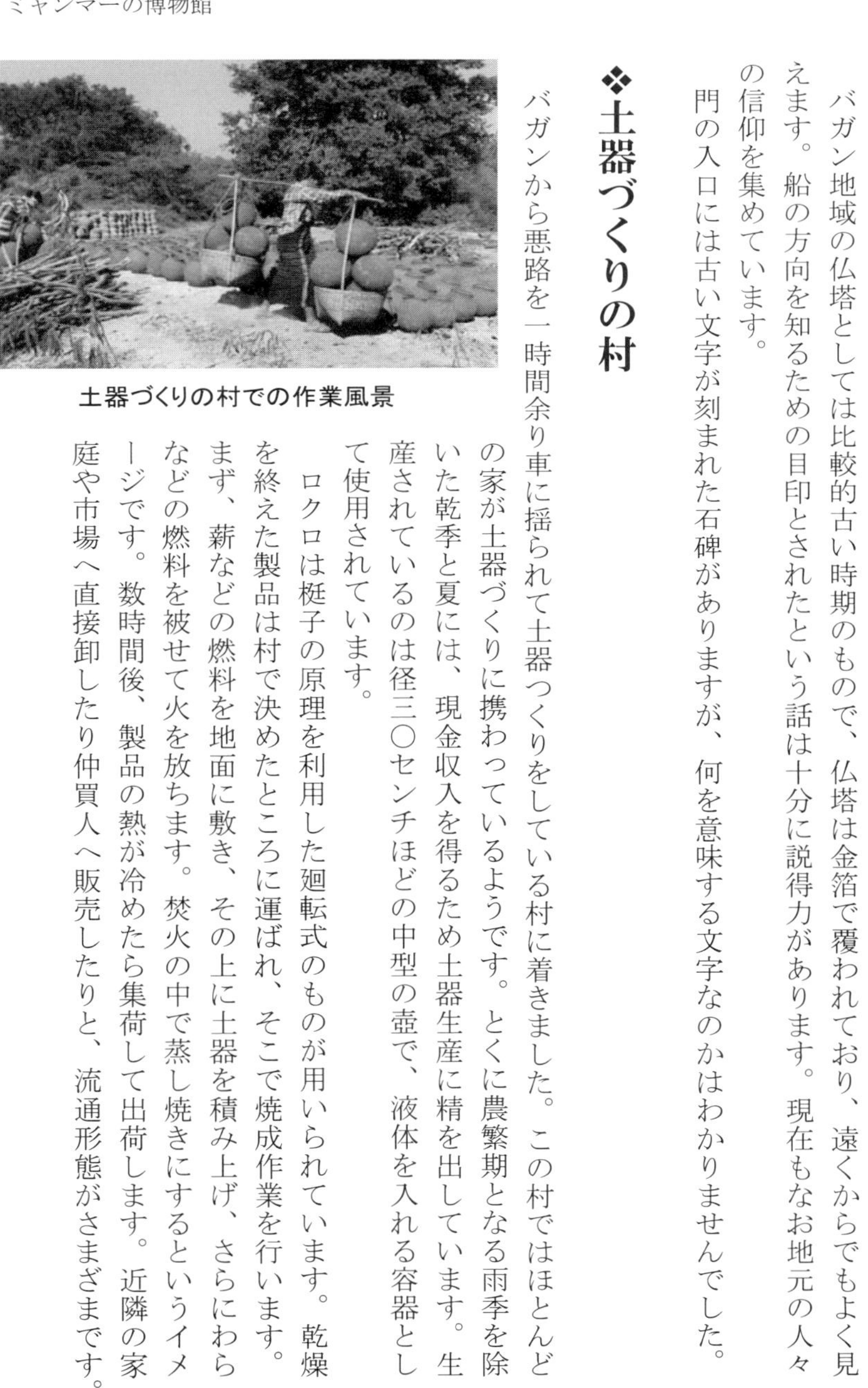

土器づくりの村での作業風景

❖シュエヘライン村（酒づくり村）

砂糖ヤシからの酒づくりを行っているバガン郊外のシュエヘライン村を訪ねました。ヤンゴンに通じる国道沿いに田園地帯が広がっています。ここではピーナッツやゴマの栽培が行われています。

耕作地の畦畔に砂糖ヤシの木が植えられており、そこから樹液を採取し蒸溜して蒸留酒を作るのです。ヤシの樹液を煮詰めて砂糖を作ることもあります。立ち寄った農家では観光客相手にピーナツや砂糖、酒の販売も行っています。すすめられ試飲してみましたが、アルコール度数はかなり高く、マッチを擦って炎を近づけると勢いよく燃えるほどです。酒は飲めるほうだと自負していましたが、この酒はとても原酒のままでは飲めません。この村では酒づくりを行っている農家は多いとのことでした。

酒づくりの風景

❖ポッパ山　Mt.Popa

バガンの東約五〇キロにある標高一五一八メートルのポッパ山は、二五万年前に活動を停止した死火山です。この山の麓、標高七三七メートルにあるタウン・カラッと呼ばれるそそり立つ岩の峯は、その異様な外観からバガン時代からミャンマーの土着宗教であるナッ信仰の聖地として信仰を集めてきました。頂上には城塞のように寺院が立ち並んでいます。

登山口からは長い急な階段が続いています。猿が数匹参詣者から餌をねだっていました。この登山口の

ポッパ山頂上の寺院

ナッ神像

近くにナッ神像を祀る細長い建物があります。ここにはヒンズー教の神々が三七体祀られています。マネキン人形に化粧を施した、かなり派手な神様です。供養壇には果物や菓子類がうずたかく積まれています。床には敷物が敷かれ、そこで礼拝するようになっています。ナッ神は、民間の土俗信仰から生まれた神であるといわれ、熱心な信奉者の多くが社会的弱者であるということも特徴だとされています。

マンダレー　Mandalay

マンダレーはミャンマーのほぼ中心に位置します。ヤンゴンに次ぐミャンマー第二の都市で、ビルマ最後の王朝があった場所です。王宮は復元されていますが、ミャンマー軍が王宮内に駐留しているため、一部しか公開されていません。

ヤンゴン空港から約一時間でマンダレー空港に到着します。国際空港としてタイ・バンコクなどへも定期便が飛んでいます。

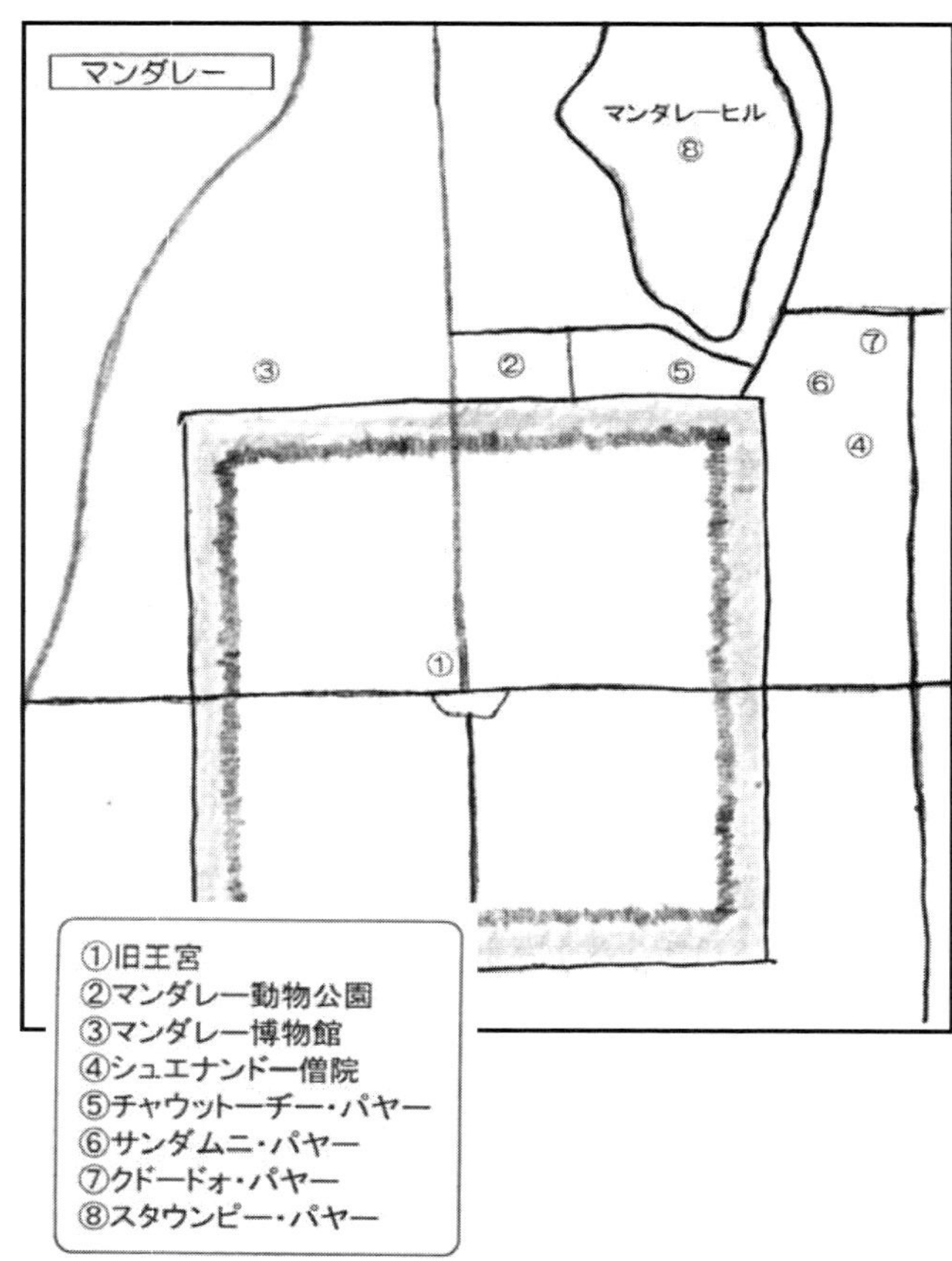

❖旧王宮　Old Palace

マンダレーの市街地中心部にある王宮跡は一辺約三キロのほぼ正方形の濠に囲まれています。濠の内側には高い城壁が築かれており、城内は見ることができません。ここはミャンマー最後の王朝コンバウン朝の王宮でしたが、近年はミャンマー国軍がここに駐留しています。

マンダレーへの遷都を決めたミンドン王は一八五七年から王宮の建設を開始し、当時のあらゆる技術を結集させて一八六一年に完成させました。一八八五年にはイギリスがこの地を占領し、ティーボー王をインドに追放し、ここを軍の拠点施設としました。この時、イギリスは多くの財宝を奪取し、本国に持ち帰りました。その一部は現在ロンドンのヴィクトリア&アルバート美術館に収蔵・展示されています。

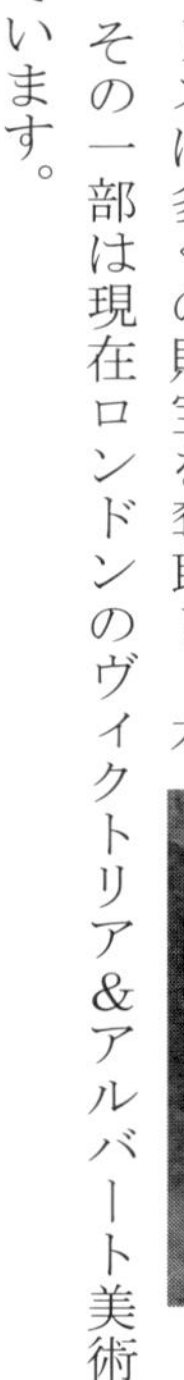

復元された王宮

旧王宮

第二次世界大戦中の一九四二年には日本軍の侵攻によってビルマが占領され、やがて一九四五年三月には日本軍とイギリス・インド連合軍との激しい戦闘が行われました。この戦禍によって、王宮は城壁を残しすべて焼失してしまいました。戦後はミャンマー国軍の施設として使用され、部外者の立ち入りを拒んできましたが、一九九〇年代末に旧王宮の建物が復元され、その部分に限定して外国人観光客にも開放されるようになりました。

❖マンダレー動物公園　Zoologcal Garden Mandalay

マンダレー王宮の北側に動物園と植物園を合わせた施設があります。一九八九年四月八日にオープンしました。

総面積は五三・二二エーカー、南端は王宮の城壁、東はマンダレーヒル、北はフットボールグランドまでの広大な敷地です。現在、動物園には哺乳類三四種二一二頭（匹）、爬虫類一四種五四三匹などが飼育されており、全体では九一種九三五頭（匹）にのぼります。

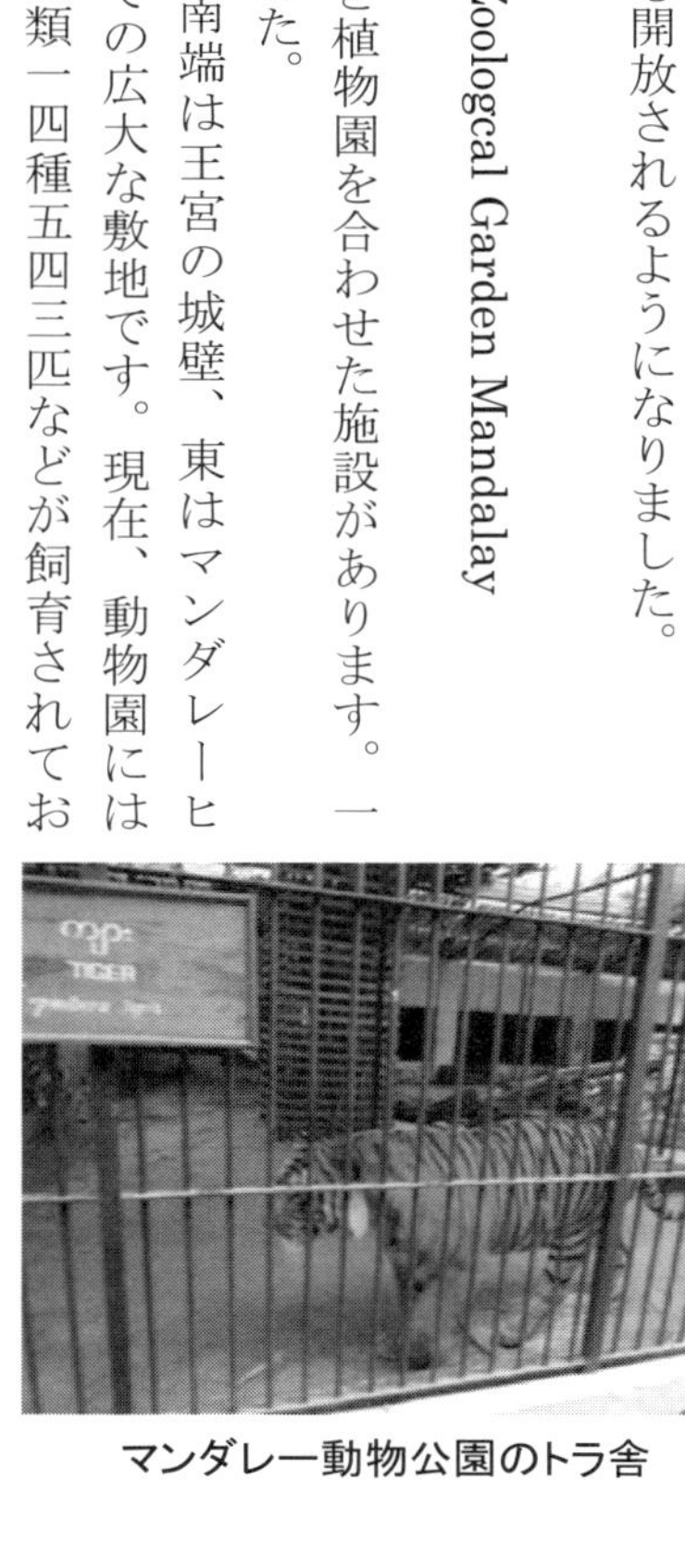

マンダレー動物公園のトラ舎

広大な園内に動物の飼育舎が点在しているのですが、種ごとにまとめてあるわけでもありません。一通り見て回るには相当時間が必要ですが、ヤンゴン動物園と比較するとのんびりとした気分で見学できます。

植物園では樹木などは一一六種一五二三五本、花卉類は九三種一三五九六本、伝統的な薬草は一六八種一六八本が栽培されています。樹木は熱帯性気候ということもあり、相当な大きさに育っています。

一一二名の職員で飼育、栽培・育成を行っているそうです。

園内をがむしゃらに歩くのは相当疲れそうだったので、約三〇分で一周する観覧用自動車を利用することにしました。利用客があれば動くという不定期な運行状態でしたが。

❖マンダレー博物館　Mandalay Museum

マンダレー王宮を取り囲む濠沿いの道路に面してこの博物館があります。外観は博物館らしくない、ごく普通の建物です。住民サービスセンターや図書館なども併設されているようです。

横二メートル近い大きな仏壇のような展示があります。四隅に獣脚が付けられ、中に一メートルほどの金属製の寝仏像が収められています。五重の仏塔三基が横に並んだ屋根には金箔が施されています。その左手には一・五メートル大の仏塔があります。この仏塔は朱漆が残されています。また青銅製のキリン像も大きく展示台からはみ出しそうです。

十六世紀の木彫仏は小型の座像で穏やかな表情が特徴的です。表面の金箔が失われていますが、独特の光彩を放っています。三つの頭を持ち、合掌する姿の小型のブラマー神石像はバガン時代の作品です。ピュー時代の建築資材の土製品も見ることができます。ピュー文化時代の小型の人形フィギャーやコインなども展示されています。筒形銅器あるいは銅鐸様の小型青銅製品

ピュー文化の人形

仏塔のレプリカ

マンダレー博物館

は紀元前二〇〇〇年ころのものとされています。同じ時代の石製品のリングと表示された石製装飾品があります。

❖シュエナンドー僧院　Shwenandaw Kyaung

旧王宮の東側にある僧院です。一八八〇年、コンバウン王朝のティーボー王は父ミンドン王が過ごした建物をこの地に移し瞑想の場所としました。この僧院はチーク材をふんだんに使って建てられています。外壁にも内部にも精緻な装飾彫刻が施されています。金箔が貼られていたことを示す痕跡が本尊を祀る仏壇部分に顕著に残っています。かなり豪華な雰囲気を持った歴史的文化遺産です。

現在は隣接地に新しい近代的な建物が建設され、そこで修業が行われているようです。

金箔の装飾

シュエナンドー僧院

マンダレーヒル　Mandalay Hill

❖チャウットーヂー・パヤー　Kyauk Taw Gyee Paya

マンダレーヒルの麓にある寺院です。本尊の大きな石仏は、マンダレーの北のサジン山から切り出された大理石で彫刻されたものです。仏像はミンドン王の時代の一八六三年に造立されました。

❖サンダムニ・パヤー　Sanda Muni Paya

マンダレーヒルの南東の麓にある仏塔です。この仏塔はミンドン王が仮の王宮としていた時のものです。王の皇子カナウンが一八六六年に暗殺され、ここに埋葬されました。その上に仏塔が建設されています。境内には小仏塔が一七七四基建設され、仏典を刻んだ石板が納められています。

チャウットーヂー・パヤーの本尊

サンダムニ・パヤー

❖クドードォ・パヤー　Kuthadaw Paya

マンダレーヒルの南東の麓にある寺院の境内には七二九もの小さな仏塔が建てられています。この仏塔には仏陀が悟りを開いてから死ぬまでの説教をまとめた石板が一枚ずつ納められています。この経典を納める仏塔群は一八五七年、ミンドン王による王都建設に伴ってつくられたと伝えられています。

王は世界最大の経典を作ろうとしてこれらの仏塔を作らせたそうです。このため王は二四〇〇人もの僧侶を集めて仏典を完全な状態で大理石に刻ませたといいます。その石板の数は七二九枚に達し、最後の七三〇枚目には世界最大の仏教経典が造られるに至った経緯が刻まれています。ちなみにこの作業は昼夜を問わず突貫作業で行われ、完成までに六カ月の期間を要したそうです。

仏塔は白く塗られており、内部の大理石も良好な状態で残されていますが、仏塔内に野良犬が住んでいたり、地元の人が涼をとるため入り込んでいたりすることもあるようです。

クドードォ・パヤーの仏塔群

❖スタウンピー・パヤー　Suntaungpyai Paya

マンダレーヒルは、旧王宮の東北部にある標高二三六メートルの丘陵です。この丘全体が仏教の聖地とされ、多くの寺院・仏塔があります。人々の参詣も多いようです。チェードーヤ・パヤー、ビャーデイペ

スタウンピー・パヤー

マンダレーヒルからの景色

ー・パヤー、ピーロンチャンター・パヤー、スタウンピー・パヤーなどの寺院があります。

マンダレーヒルの頂上にあるスタウンピー・パヤーは、建物の外壁にタイルが貼りこめたような細かな装飾が施されており、イスラム風にも見えます。

　丘に突き出たテラスからは王宮や周辺の森、マンダレーの市街地が一望できます。

アマラプラ　Amarapura

❖ウー・ベイン橋　U・Bein Bridge

マンダレーの南約十一キロのアマラプラはかつて都だった町です。ここにあるタウンタマン湖に全長約一・二キロの木造の橋があります。

ウー・ベイン橋

ウー・ベインとはアマラプラに遷都された際の市長の名前だそうです。彼はインワの旧王宮からチーク材を運び、湖を渡る橋を架けました。橋の途中には屋根のついた休憩場所が設けられており、土産物や食品などの物売りが店を広げています。

橋を渡りながら下を見ると、板と板の隙間から川面が透けて見えます。手すりもありませんが、地元の人は自転車やバイクで平気に通り過ぎていきます。訪問時は乾季だったので、干上がったところでは牛が飼われていました。

❖マハーガンダーヨン僧院　Mahagandhayon Kyaung

ウー・ベイン橋の西端から北東二〇〇メートルにあるこの僧院は、ミャンマー国内最大の僧院です。一九一四年に設立され、現在一五〇〇人ほどの僧侶が修行しているとのことです。境内には金色に輝く小型の仏塔をはじめ多数の関連建物があります。僧侶の居住する僧坊では多くの若い僧侶が修行生活を送っている様子が垣間見えます。ちょうど食事の時間らしく、鉢を持って並ぶ姿や厨房で川魚をさばく様子が見えました。

マハーガンダーヨン僧院

シュエボー　Shwebo

シュエボーはマンダレーの北、約一一〇キロにある小さな町です。一七五二年ビルマ族の英雄アラウンパヤー王は、モクソボという田舎町を三・七キロ四方の塀で囲んで城郭都市とし、ここを王都としてコンバウン朝を開きました。同時にシュエボーと改名しました。この地から進撃を始めたアラウンパヤー王は、モン族から一七五五年にインワを奪還し、再びミャンマーはビルマ族の治める国になります。しかしこの地に都が置かれたのは王が亡くなる一七六〇年までのわずかな期間でした。王の死後、跡を継いだナウンドーヂー王はザガインに遷都してしまいます。

❖シュエポン・ヤンダナ・ミンガラ・パレス（アラウンパヤー・パレス）
Shwepon Yandana Mingalar Palace（Alaungphaya Palace）

市街地のほぼ中心部に、非常に賑わっているゼーヂョー・マーケットがあります。その奥に人影のない広場があります。ここが王宮跡で、そこに一九九二年に復元された王宮やインフォメーションセンターがあります。インフォメーションセンターを出て、復元された王宮に向かいます。

まず間口七間、奥行き六間の木造の建物があります。十三段の階段を上

復元された王宮

玉　座

ると入口です。一階の側壁は赤茶色に塗装されています。屋根は九層構造の塔状で金色に塗装されています。前堂に入ります。内陣の玉座には階段で上ることができます。後ろの建物は八重の塔屋で、正面五間、奥行五間の木造建築です。この建物も柱や壁面は金色に塗装されています。ここにも玉座があります。

域内の左手奥には白く外面が塗装された四間×四間の二階建て（塔を含めると三階）の建物があります。ミャンマーの伝統様式で建てられています。内部は板の間があるのみです。王宮の倉庫ではないかと考えられます。

王宮内の前庭にはコンバウン朝を開いたビルマ族の英雄アラウンパヤー王の銅像が建てられています。

❖チャウミャウンの陶器生産

シュエボーの東三〇キロほどのところにチャウミャウンという小さな村があります。エーヤワディ川沿いに広がるこの村は陶器の生産と水運を利

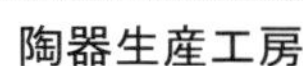

陶器生産工房

王宮の倉庫か？

陶器を船積み

危なっかしい船積み作業

用した流通拠点として知られています。七〇〇世帯、二八〇〇人が住む村には約一五〇の工房があり、住民のほとんどが焼き物に関わっています。工房は簡素な小屋のような建物で、道路からも陶器生産の様子を見ることができます。大型の壺、甕から小型の鉢や壺までさまざまな陶器の生産を行っています。

出来上がった製品は船着き場まで運ばれ船積みされ、シュエボー、マンダレー、さらに遠くヤンゴンまで運ばれていきます。船着き場を見ていると、板を二本渡しただけのところで大きな壺を転がして船に積み込んでいます。今にも落としてしまいそうでハラハラして見ていました。

世界遺産　ピュー王朝の古代都市群

❖ハリン遺跡　Halin Site

シュエボーからマンダレーへ向かって車で約一時間でハリン遺跡に到着します。

ハリン遺跡

二〇一四年六月二二日、カタールのドーハで開催されたユネスコの会議でミャンマー初の世界文化遺産として「ピュー王朝の古代都市群」が登録されました。ピュー王朝は紀元前二〇〇年～西暦九〇〇年頃まで栄えたといわれ、ピュー王朝の都市群としてハリン、ベイターノなど三つの遺跡があります。いずれもエーヤワディ川流域の乾燥地帯に作られた、煉瓦の城壁と塀で囲まれた都市です。

ハリン遺跡の発掘調査は一九六五年から始められ、現在も続けられています。円形の仏塔や王宮などの遺構が確認されています。調査は広大な丘陵部の尾根の各所で行われていますが、かなり大規模な建物群が存在したことが明らかになっています。たくさんの出土遺物は、世界遺産登録に伴い設置されたハリン考古博物館に展示されています。

❖ベイタノー遺跡　Beithano Site

バガン市街地から車で約四時間、ベイタノー遺跡は南北三キロ、東西二・八キロ、面積九〇〇ヘクタールに及ぶ地域に分布しています。建物遺構は煉瓦を積み上げて構築された基壇を有する堅牢なもので、王宮の主要な建物と見られています。

この地域は乾燥が進み砂漠化しつつあるようですが、遺跡調査はまだ緒についたばかりであり、今後に期待されるところが多い地域でもあります。交

ベイタノー遺跡

ベイタノー遺跡の入口

通が不便で容易に訪問できないという難もありますが、その分かつての姿を残している地域でもあり、ぜひ訪問されることをお勧めします。

❖ベイタノー考古学博物館　Beithano Archeological Museum

ベイタノー遺跡の考古博物館の展示室正面には煉瓦積みの基壇が展示されています。これらはベイタノー遺跡の建物の一部を再現したジオラマです。砂岩の痕跡のある約五〇センチの大きな塊が置かれています。日本の飛鳥にあるサル石のような形です。

ガラスケースに入っている象の歯の化石はこの遺跡が地質時代から続いていることを物語っています。さらに打製石器、磨製石器が一括して置かれています。続いて青銅器の展示があり、土器も文様や装飾の見られない小型の壺が並べられています。

装飾が側面に施された円筒形の壺があります。学芸員は骨壺の一つであると説明してくれました。なるほど火葬して埋葬する習慣があったと想像されます。遺骨を入れるための容器にこれほどの装飾を施したのは信仰の篤さといえるでしょう。土器の展示が終わると、土器が出土した建物遺構のジオラマが用意されています。

建物遺構のジオラマ

出土した土器

ベイタノー考古博物館

玉類、黄金製品などの装飾品類をはじめ、ピューコインと呼ばれる独特の銀製コインを持っており、高度に発展した貨幣経済を営んでいた可能性も考えられます。また踊る様子を表現したブロンズ製の小型人形もピュー文化独特の芸術表現として知られています。

ラオスの博物館

ルアンパバーン国立博物館

ビエンチャン　Vientiane

ラオス人民共和国の首都であり、ラオス最大の都市ビエンチャンは、面積三九二〇㎢、人口は七九万七一三〇人（二〇一二年ラオス統計局推計）を数える。一五七〇年、セーターテイラート王がラーンサーン王国の都をルアンパバーンからこの地に遷都して以来、ラオスの首都として繁栄してきました。

十七世紀にこの地を訪れた東インド会社の商人やイタリアの宣教師は、当時の状況を「東南アジアで最も荘厳な町」と評しています。

市街地をメコン川が流れており、沿岸にはレストランやホテルがたくさんあります。夕方になると地元市民や観光客でにぎわいます。市街地中心部のナンプ広場のロータリーに黒い仏塔がぽつんと立っています。周りに寺院らしき施設はないようですが、町並みにうまく調和しています。仏塔の前の供養壇には多くの花や供物が積み上げられ、地元市民の信仰も篤いようです。

ナンプ広場の黒い仏塔

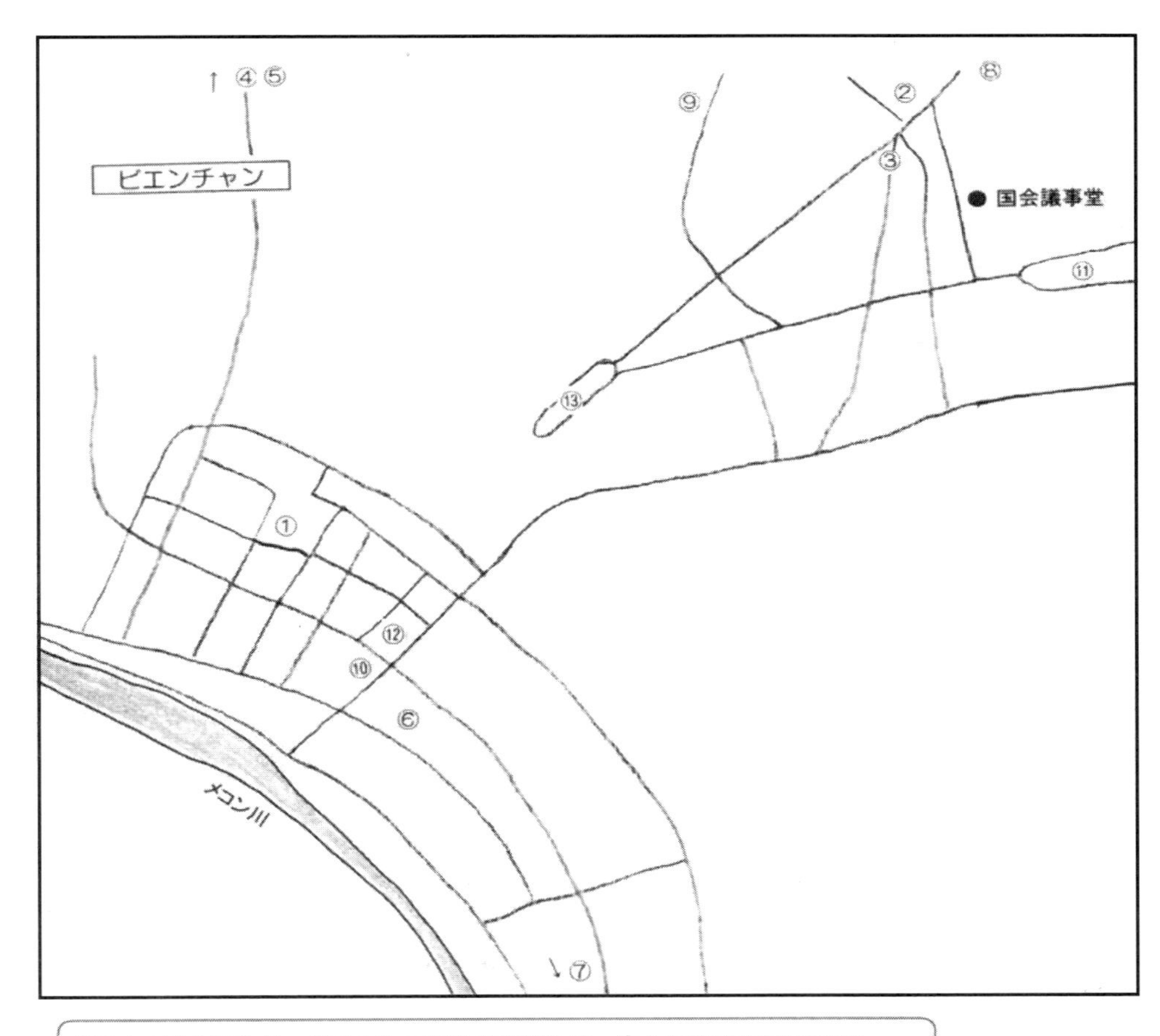

①ラオス国立博物館　②ラオス人民軍歴史博物館　③人民安全保障博物館
④ラオス繊維博物館　⑤日本伝統文化教育センター　⑥ペェンマイ・ギャラリー
⑦ブッダ・パーク　⑧カイソーン・ポムビハーン博物館
⑨スファヌボン国家主席記念館　⑩ワット・ホーパケオ　⑪タート・ルアン
⑫ワット・シーサケート　⑬パトゥーサイ(凱旋門)

❖ラオス国立博物館　Lao National Museum

ビエンチャン市街地のほぼ中心部に国立博物館があります。以前は革命博物館と呼ばれていたそうです。

建物は横に長い二階建ての古めかしいビルで、フランス統治時代の政府庁舎だった建物を再利用しています。正面玄関には大きなベランダがせり出し、左右に広がる廊下状のベランダの手すりには連珠のような桟が取り付けられています。柱の裾のところにも黄金色に塗装された装飾があり、建物の窓枠も階によってデザインが異なっています。豪華な造りなのですが、白い外壁のペンキがところどころ剥げ落ちていたり、下地のモルタルが露出していたりと、国立博物館としてはちょっと残念という印象でした。隣国のミャンマーやベトナム、タイなどの国立博物館の堂々とした威容とは比べようもありません。ちなみに、現在新しい国立博物館の建設工事が行われています。二〇一七年に開館とのことです。

ラオス国立博物館

まず歴史展示室に入ります。恐竜の骨の化石、先史時代の狩猟用の槍先などのさまざまな打製石器が展示されています。次の部屋には、表面が美しく磨かれた鋭利な磨製石器、土器、青銅器など稲作・農耕開始以降の考古遺物が並べられています。なかなかの優品が揃っています。各時代の生活風景を復元したジオラマがありますが、彩色などの稚拙が目立ちました。かなり古い手法で作られているのは予算面の問題なのかもしれませんが、何となく懐かしさというか安堵感を覚えます。

ラオス北部のジャール平原には、壺の形をした石棺が多数残されている遺跡があります。一九三一年にフランス人研究者によって発見されましたが、石壺の用途や設置目的は不明でした。その後、日本人の新田栄治を含む各国の考古学者が発掘調査に取り組み、石壺内や周辺から人骨やさまざまな遺物が発見され、壺は埋葬用の棺ではないかと今は考えられています。この石壺群は、有力な世界遺産候補として注目されています。

この博物館には、ジャール平原石壺群の縮尺模型が展示されています。かなり丁寧に作られたジオラマで、現地を訪れる前に見ておくと、よく理解できます。

展示室に置かれた石壺は高さが約一メートルもあります。中を覗くための台が置かれ、子どもでも壺の内部を見ることができるようになっていました。小さな配慮ですが、この遺跡紹介への意欲がよくわかります、

大小の銅鼓が数点展示されています。銅鼓はラオスだけでなく東南アジア各地で多く発見されるもので、打楽器として使われていたようで、農耕社会の祭祀と関連ある遺物と考えられています。径が一メートルを超える大型のものはガラスケースに入れられています。側面の線刻画は拓本のパネルも一緒に展示されています。描かれているのは、船に乗った兵士や祈る人々の姿です。小さめの銅鼓は展示台の上に露出展示されています。残存状態はどれも良好で、表面の文様装飾もよく残されているものばかりです。

茶色の顔料で表面に文様を施した彩文土器をはじめ、脚付き杯や壺、甕などの土器が並べられています。ベトナムやタイの先史時代の土器に形や文様が似ているものがあり、農耕文化が栄えたことを示しています。

ラオスの世界遺産として知られるワット・プーは、アンコール地域を中心に展開したクメール文化の北方への進出を物語る例として知られているものです。この博物館でもその一部が紹介され、出土遺物の展示もあります。調査途上のワット・プー遺跡の建物の写真パネルをはじめ、建物の装飾の一部や仏像を拡大した写真なども展示されています。

またこのフロアの中心には男性器を模したリンガと女性器を模したヨニの組み合わせからなるヒンズー教の重要な石造品が置かれています。ヨニの一辺が五〇センチ前後の中規模のものです。多くのヒンズー教の寺院ではこの石造品が見られますが、大抵はリンガのみかヨリのみしか見ることができません。両者が揃っていたとしてもいずれかが欠損していたり、後補のものだったりして良好なものを見る機会が少ない遺物です。

このほか建物の内部に見られた石造仏も三体展示されています。さらにワット・プー遺跡の周辺に分布する関連遺跡などの紹介パネルも掲げられています。

二階展示室の半分は、ルアンパバーンにあったランサーン王国時代とビエンチャンに移ってからの王国、フランス統治下のラオスというように、ラオスの歴史展示です。

古代の展示では、薄い板に経文が書かれている貝葉と呼ばれる経典の束があります。数十枚の束がいくつも重ねられており、上の一部の文字が見える程度です。私たちが現在、目にすることができる紙の折本の経典とは異なり、読むにも大変な苦労があったと思われます。紙の束を綴じるために端に紐を通す穴をあけたものや片端を糸で結わえたものも見られます。

中世のコーナーではクメール陶器などの陶器の展示があります。これらは釉（うわぐすり）を用いていない焼き締め陶と呼ばれる素焼きの硬い焼き物で、カンボジアを中心に生産され、広くアジア地域で流通しました。作られた器種には壺、甕などの貯蔵用のもの、杯、皿、鉢などの炊事・食生活道具がありました。このフロアではそれらすべての器種を見ることができます。

仏像ではケース内に木彫の小型仏像、ケース外に青銅立像、座像があり、金箔を施した青銅座像は「一〇五七年～一三五七年」、頭頂部がとがった青銅座像は「一三五七年～一六九〇年」と、かなり幅のある年代が表示されていました。これほど幅の大きな表示は日本では考えられません。

この部屋にはビエンチャンのシンボル的な存在でもあるタート・ルアンの模型や、十六世紀にビエンチャンに遷都しタート・ルアン建設を命じたセーターティラート王の銅像、さらには王の活躍を描いた絵画なども置かれていました。

少数民族が使っていた民具や民族楽器、晴れの儀式用の派手な色遣いの民族衣装や武器などが展示されています。しかし、民族が多い割りには展示物の量が少ないように感じました。

「植民地からの脱却」をテーマに掲げた展示では、自由ラオス革命運動、内戦、ラオス人民民主共和国の成立と、ラオスの近代、現代の植民地解放、独立運動（抗争）の歴史に重点が置かれています。このコーナーでは写真パネルや兵士のオブジェ、兵士が持つピストルやライフルなどの銃器が目立ちます。このほか戦時中に使われた応接セットの木製椅子や机があります。仕上げや磨きをきちんと行ったものではなく、にわか造りのようなものばかりでしたが、曲線の細工など随所に職人の工夫が感じられる暖かい家具に見えました。

博物館前庭の奇妙なオブジェ

順路に従って階段を下りると、政府を構成している政党の広報コーナー、国内産業の紹介や教育、労働の現状を紹介したコーナーがあります。これらのコーナーは国立博物館では異色です。

博物館の前庭には簡単な覆屋があり、周囲を低い生垣で囲んであります。その中央に奇妙なオブジェが置かれていました。このオブジェを観察してみましょう。

このオブジェはラオスに自生するテアカーという樹木に彫刻して作られています。高さは四メートル、太さは二・八メートルもある大木です。ラー・サオ村から持ってこられたと表示されています。ラオスの動植物

オブジェにはさまざまな彫刻が

が立体的に彫刻表現されています。底部から順に、象、豹、ウサギ、ネズミ、牛、鹿、ワニ、蛇、トカゲ、亀、水鳥などが、そして植物や樹木が彫刻されています。次に人間の姿があります。民族衣装を着た人々、子供を背負って臼をつく女性の姿、農耕作業に従事する様子などが見られます。またラオスの伝統的な民家や塔などを伴う寺院の建物も見られます。最上部に近い所には世界遺産のワット・プーを意識したような煉瓦造りの建物も彫られています。最上部にはヤシの樹木が実をたわわに実らせています。ほかにも不明な人物像もあり、この彫刻を一層ミステリアスなものにしています。

この一本の大木には、ラオスの民俗行事や遺跡、伝統文化、動物生態や植物相など大量の情報が込められています。館内の展示よりも秀逸に思えるのですからなんとも複雑でした。

❖ラオス人民軍歴史博物館　Lao People's Army History Museum

伝統的な切り妻様式の屋根で覆われた二階建ての白亜の建物で、正面には人民軍の戦闘の様子を表現したオブジェが見られます。その左右には旧ソビエト連邦製のヘリコプターや複葉の戦闘機、戦車のほか迫撃砲、軍用トラックなどの兵器が置かれています。敵国の戦闘機の残骸がありますが、これは人民軍の戦果を誇示するために置かれているもののようです。

　展示が行われている大きな建物は中央が吹き抜けになっています。一階に展示されている戦車や装甲車、運搬用トラックなどは整備すれば使えそうです。二階では、フランスとの植民地解放戦争、内戦、第二次世界大戦後の独立戦争などでのラオス人民軍の敢闘ぶりや、兵士の装備の写真パネルやピストルや機関銃などの銃器が展示されています。

ラオス人民軍歴史博物館

前庭の展示

❖人民安全保障博物館 People's Security Museum

　ビエンチャンの市街地の北東のはずれに建つ立派な白亜の建物です。安全保障という大仰な名前が付けられていますが、実際は警察・消防という人々の暮らしを守る仕事に関する博物館です。建物の前には、警察車両・消防車両、黄色と青のツートンカラーのパトカーや武装した装甲車、カーキ色のトラック、ジープ、小型モーターボート、白いオートバイやサイドカーなどがコンクリートの展示台に置かれています。

　一階正面にラオス国旗に飾られたカイソーン・ポムビハーン大統領のブロンズ製の胸像が置かれていま す。二階では、ラオスの警察が国内の治安を守るために重要な働きをしてきたことを強調する内容の展示

人民安全保障博物館

装甲車の展示

が続きます。とくに注目されたのは麻薬に関する警察の取り組みです。押収された大量の麻薬が焼却処分される様子や検挙された犯人などが写真パネルになっています。人権に配慮する国では到底考えられない展示でしょう。

　このコーナーの中央には麻薬の精製工程を示すジオラマがあります。精製の機械が意外に簡単に作れるようで、ちょっと驚きました。

　広くゆったりとした展示室なのですが、展示品も少なく、見学者はほとんど見当たらず、監視員も退屈そうでした。

❖ラオス繊維博物館　Lao Textile Museum

　ビエンチャンの市街地中心部から北東方向に車で約二〇分のところにある博物館です。ここはビエンチャンの高級織物店カンチャナのオーナーが、ラオスの伝統織物産業である絹織物の技術を保存、伝承するために開設した博物館です。伝統織物の製作工程や製品、さらには民俗資料を展示しています。また見学者が希望すれば、染物体験や織物体験も出来るようになっています。

ラオス繊維博物館

伝統織物の製作風景

入口左手の木造の高床式建物の二階が展示室です。ここには様々な伝統織物の文様の布が展示され、カラフルな民族衣装の晴れ着を身につけたマネキン人形が見学者を迎えてくれます。さらに、ラオス各地の民族が製作・使用してきた竹細工の物入れや家具などの民具も見ることができます。一階では、伝統織物の織機があり、若い女性がカラフルな布を織っていました。

少し離れた別棟の高床の下にたくさんの染料が入った壺が並べられています。植物性のもので、多くは山から採集してくるという説明でした。この作業場では布を染める工程が体験できます。

最後に、工房で生産された高級織物の直売品売り場に案内されました。商品についてあれこれと説明を受け、ついにはテーブルクロスを一枚土産に購入することになってしまいました。

❖日本伝統文化教育センター
Lao-Japan Traditional Cultural Educational Center

ラオス織維博物館の敷地の一角に二階建ての木造建物があります。ラオスと日本の国旗が掲げられ、その間にラオス語と英語で「ラオス・日本伝統文化教育センター」という看板が掛けられています。

一階は板の間に座椅子が二〇席余り並べられ、簡単な講義や講習会が行え

日本伝統文化教育センター

るようになっています。ここでピアノ演奏やラオスの伝統音楽演奏なども行っているようです。部屋の片隅には伝統的な楽器の弦楽器が無造作に置かれていました。日本から音楽家が訪れて本格的なクラシック音楽の演奏会が催されることもあるそうです。

❖ペェンマイ・ギャラリー　Phaeng Mai Gallery

ビエンチャン近郊に一九八六年に設立したこのギャラリーはラオスの染色織物を中心にコレクションされた施設です。三階建ての建物の二階が布織物のショップ、三階が展示室です。この建物に隣接して工房があり、若い女性の織工たちが伝統的な織物をつくっています。

展示室はあまり広くはありませんが、オーナーのヴィンエンカム・ナンサヴォンシィンド女史の努力によってラオス全土から収集された各民族の伝統的な染色、織物のコレクションが展示されています。とくにラオスの女性が着用してきた伝統的な手織りのスカートである「シン」にスポットが当てられています。多民族国家ラオスには七〇余りの民族がいるとされ、最も多いのがタイ・ラオ系民族です。シンはそのタイ・ラオ族の女性の装いで、身分にかかわりなく着用されてきたそうです。ラオスでは布は日常生活に欠かすことができない大きな役割を持っています。誕生から死に至るまで「布で包まれる文化」といっても言い過ぎではないほどだそうです。ラオスほど染色が生活文化に影響し

ペェンマイ・ギャラリー

たところは少ないとオーナーさんは強調されていました。

❖国立美術学校エキシビジョン・ルーム National Institute of Fine Art Exhibition room

ビエンチャン市街地の中心部にある国立美術学校に作品の展示施設があります。

建物前の植え込みには、学生が製作したとみられる人物像や僧侶像、アプサラ像などが無造作に置かれています。また二階の展示スペースには油彩画を中心とした絵画作品が壁面から床面にまでぎっしりと置かれています。わずかですが木彫なども見られます。作品の多くはラオスの田舎の風景や農民の作業風景で、抽象的なものやイラスト風のものもごく少数ありました。同行したガイドによると、ここの学生の中からラオスの芸術界を背負っていく人物が出てくるだろうとのことでした。

国立美術学校
エキシビジョン・ルーム

❖ブッダ・パーク Buddha Park

ビエンチャン市街地から東方向へ車で約一時間の郊外にあるちょっと変わった施設です。さまざまな形、ポーズの仏像を並べたこのブッダ・パークをつくったのは、ルアンプー・ブンルア・スラリットという人物で、自らの想いに従って自由な発想でヒンズー教の神々、仏教の仏像彫刻像をつくりました。

入口には大きなかぼちゃの形の上に水煙状の塔を取り付けた得体の知れない物体があります。仏像とも化け物ともつかないものが大きく口を開いたところが出入口です。人一人が這いつくばってかろうじて入れる大きさです。中に入り、らせん状の狭い通路には天国と地獄が無数の彫刻像で表現されています。暗い空間なので天国と地獄の見分けが付きにくいのが残念ですが、この通路を上り詰めると屋上に出ます。ここからパーク全体が見渡せますが、いかにごちゃごちゃと彫刻が並べられているかよくわかります。

　パーク内の彫刻はすべてコンクリート製です。もっとも目立つのは巨大な涅槃仏です。長年風雨にさらされていたためか表面が風化し黒ずんでいます。そのほか菩薩像や羅漢像などの仏像彫刻、シバ神をはじめとするヒンズー教の彫刻が混然一体となって置かれています。いったい製作者の宗教観はどうなっているのかはなはだ疑問です。

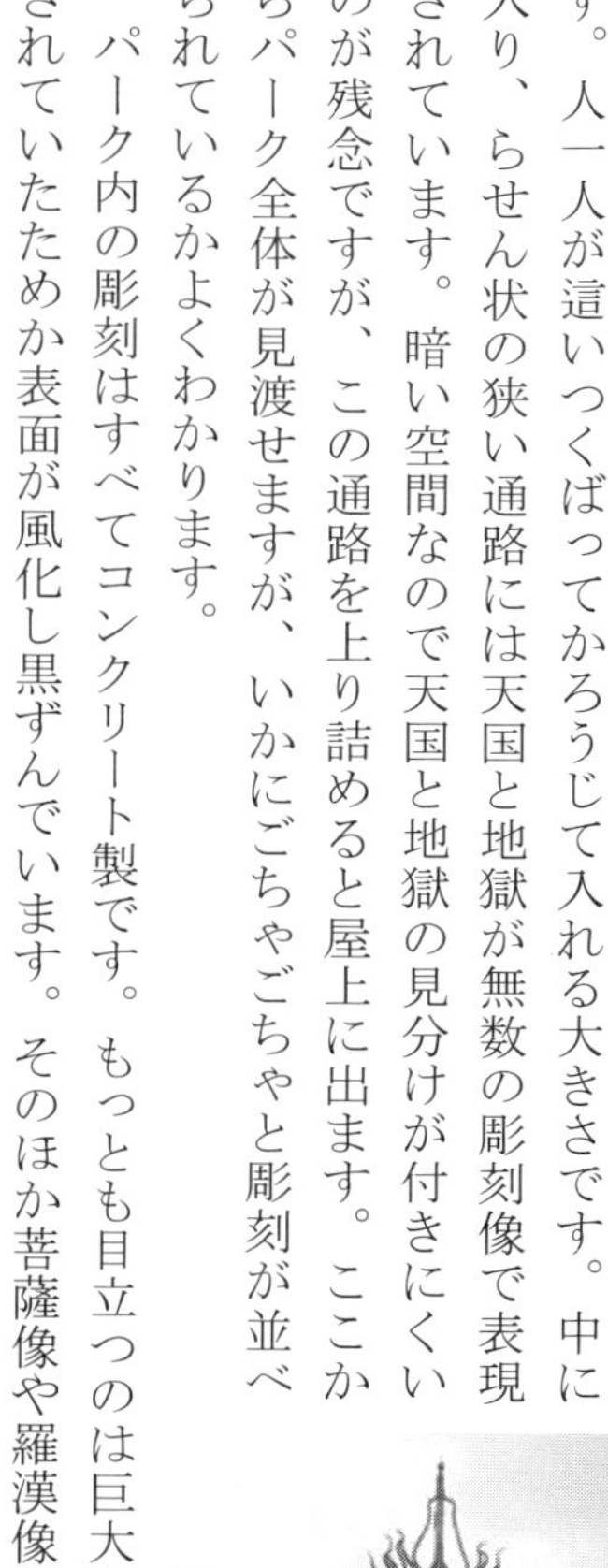

巨大な涅槃仏

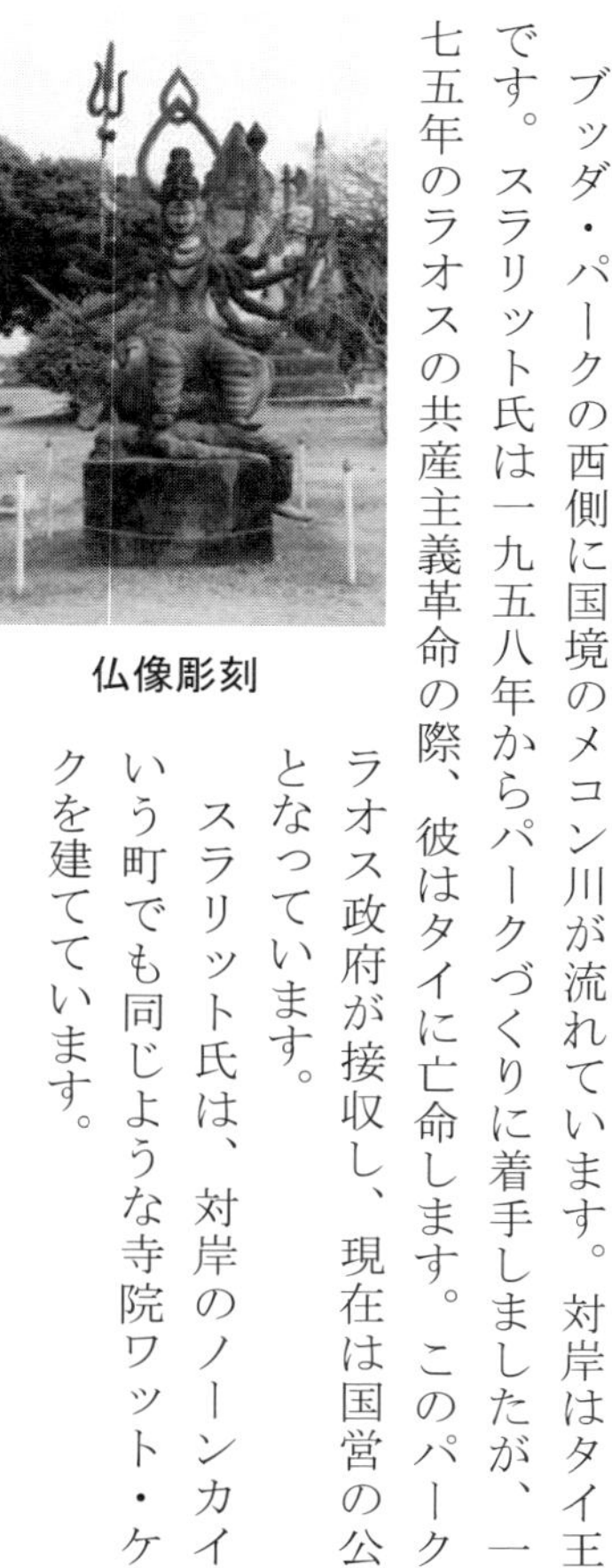

仏像彫刻

　ブッダ・パークの西側に国境のメコン川が流れています。対岸はタイ王国です。スラリット氏は一九五八年からパークづくりに着手しましたが、一九七五年のラオスの共産主義革命の際、彼はタイに亡命します。このパークはラオス政府が接収し、現在は国営の公園となっています。

　スラリット氏は、対岸のノーンカイという町でも同じような寺院ワット・ケークを建てています。

得体の知れない物体

❖カイソーン・ポムビハーン博物館　Kaysone Phomvihan Museum

ビエンチャン市街地からわずかに郊外に出たところに、ラオス人民民主共和国建国の中心人物の一人であったカイソーン・ポムビハーンを記念した博物館があります。ラオスの通貨であるキップ紙幣に印刷されている人物です。

博物館の建物は左右対称で、本館前には右手をあげるカイソーン・ポムビハーンの像があります。カイソーンは初代の首相（一九七五年～一九九二年在任）です。ちなみにこの銅像は二〇〇〇年一二月一三日にカイソーンの生誕八〇年を記念して建立されたものです。

この博物館は赤瓦を葺いた屋根が三層に重なるラオス風の独特な二階建て構造の大規模な建物です。展示室に入ると天井が高く広々とした空間が広がっています。博物館の名称から個人顕彰施設と思っていましたが、カイソーン・・ポムビハーンに関する展示は白黒の写真が中心で、ラオス国内事情に通じていない者にはかなり退屈な内容でした。そのほか、少数民族の着衣などの織物類、機織り機械や農工具や収穫具などの生業に関する道具類、飲食用具などの日常用品などがたくさん展示されています。また織物製品、竹細工の籠などのほか、いまも作られている素焼きの土器なども並べられています。

現在、この博物館の隣りに新しい国立博物館の建設が進んでいます。すでに建物の輪郭は完成しており、二〇一七年開

カイソーンの銅像

玄関前のオブジェ

館予定ということです。

❖スファヌボン国家主席記念館
Memorial of President Souphanouvong

ビエンチャン市街地の中心部近くに、ラオスの愛国戦線議長であり王室出身の指導者であった初代国家主席スファヌボンの記念館があります。

一階はスファヌボンの活躍の様子や各国首脳との会談の様子などを写真パネルで紹介しています。二階は執務室、寝室、応接室などがそのままの姿で残されています。執務室には木製の机と椅子が置かれ、部屋にはキューバのカストロ首相の大きな写真、ベトナムのホーチミン国家主席の肖像が飾られています。どの部屋も派手な装飾品などはまったくない質素なものでした。

スファヌボン国家主席記念館

■カイソーン・ポムビハーンとスファヌボン

カイソーン・ポムビハーンはベトナム人の父親とラオス人の母親の間に一九二〇年に生まれました。一九四三年からハノイ大学に留学し法律を学びます。二年後、日本軍による侵攻で大学は閉鎖され、彼はベトナムで反植民地運動に参加します。一九四九年インドシナ共産党に入党。一九五五年のラオス人民党結成で書記長になります。ラオス内戦が激化するなか、ラオス愛国戦線の軍事組織であるパテト=ラオを率い、ゲリラ戦を展開していきました。内戦が終わりラオス人民民主共和国が建国されると初代首相に就任します。一九九一年死去。カイソーンは革命を成功させたカリスマ的指導者、英雄として崇拝の対象となっています。政府はすべての県庁所在地にカイソーンの彫像を設置しています。

スファヌボンは一九一二年にルアンパバーン王家の一員として生まれたことから、彼は「赤い殿下」とも呼ばれています。ベトナム人の妻を迎えたことからベトナムの独立運動に深くかかわっていくようになります。一九四五年の日本降伏直後にラオスの独立を宣言し臨時政府を樹立します。一九五〇年に自由ラオス戦線を結成し、パテト=ラオ政府を樹立します。一九五六年にラオス愛国戦線の議長となります。一九七五年にはラオス全土を制圧し、ラオス民主共和国を建国し初代国家主席に就任しました。

❖機能回復センター（クラスター爆弾被害救済センター）

クラスター爆弾によって負傷した人々のために機能回復訓練を行っている団体の施設を訪問しました。ここでは様々な義足の製作、調整、クラスター爆弾の落下状況の展示などが行われています。球体の子爆弾が上空から降り落ちる様子が実際の爆弾を使って展示されています。一見美しいこの情景は恐怖の情景でもあったのです。

機能回復センター

子爆弾が降りそそぐ様子

クラスター爆弾は、爆弾を集めて束にしたことから「集束爆弾」、親爆弾の内部に複数の子爆弾をかかえていることから「親子爆弾」とも呼ばれています。クラスター（cluster）とは「ブドウの房」という意味で、一つの房にたくさんのブドウの実がついているような状態です。

ベトナム戦争の際、米軍は大量のクラスター爆弾を投下しました。投下された爆弾の量はラオスが最も多く、現在でも不発弾が処理されないまま多数残っています。

❖ラオス動物園　Lao Zoo

ビエンチャンの郊外にある動物園です。板敷きの通路に沿って鹿やニシキヘビの飼育舎などがあります。鹿の飼育舎がとくに多いようです。モンキーバナナが餌づけの餌として売られています。一房五〇〇〇キープ、日本円で約五〇円です。餌を持っているせいか、鹿がたくさん集まってきます。

やがて板敷きの通路は途切れ未舗装の道を歩くことになります。ゲージの中に体部や頭部は黒く首だけが白い大きな首白コウノトリがいます。これはミャンマーからプレゼントされたものと表示されています。次に目に入ったのは亀の飼育池です。日本の亀より大型で全長四〇センチを超えています。鷹、クジャク、大型のカラスなど鳥のゲージがあります。ブタオザルと表示されたゲージでは親子の小型サルが毛づくろいをしています。短尾サルのゲージでは生後一か月未満の幼児猿が母親に寄り添っています。ダチョウは狭い飼育場に四頭がひしめき合っています。このほかラクダ、象、スカンク、マレー熊の飼育舎があり、最後にワニの飼育池があります。

出口の前には土産物店がありましたが、ほとんど開店休業状態でした。

ラオス動物園

ビエンチャンの寺院の看板に「MUSUEM」という表示を見かけます。いわゆる博物館のような建物ではないし、展示室もありません。なぜだろうと疑問に思われるかもしれませんが、寺院の回廊などに仏像などを展示（安置）していることから、ここを博物館と呼んでいるようです。

寺院に付属する博物館例は、タイやシンガポールなどでは少なくありませんが、ラオスやミャンマーではほとんど設置されていません。しかし、堂舎内に仏像、仏器、建築資材などを並べている例は数多く見られます。寺院はそうした空間を展示施設として利用しているのです。こうした展示によって寺院の歴史や祭祀、民俗行事などが明らかになることもあります。これらのことから、博物館と同様の役割を果たしているといってよいと思います。

仏教の信仰が篤いラオスには寺院はたくさんあります。とくに大きな寺院の堂内には本尊の仏像のほかに壁面や壇上に仏像や仏具なを並べたり、回廊など伽藍建物の周囲にも石仏などが置かれており、ミニ博物館の様相を示しています。以下に代表的な寺院について紹介しておきます。

❖ワット・ホーパケオ　Wat Ho Phra Keo

一五六三年、ビエンチャンに遷都した際に、エメラルド仏を祀るために創建された寺院です。しかし一七二〇年、一八二八年に当時のシャムの侵略によって寺院は破壊され、本尊のエメラルド仏も持ち出されてしまいま

ワット・ホーパケオ

した。

現在の寺院は一九四二年に再建されたもので、かつての姿とは異なっているようです。堂の周囲には頭部の宝冠部分を欠いた悲惨な状態の青銅坐像が安置されています。この宝冠部分には宝石などが収められていたそうです。宝冠が欠けているのは、宝物を狙って破壊されたことの痕跡です。このほか経典を収納するための木箱や、大小の石仏なども堂の外側廊下に並べられていました。この状態が博物館の展示であると考えられています。ちなみに、堂内にはこのような展示は全く見られませんでした。

宝冠部分を欠いた青銅坐像

堂の前の広場には丁寧に刈り込まれた低木の植木やブーゲンビリアなどの色とりどりの花が美を競っています。また右手の覆屋の下にはジャール平原からもたらされたとみられる石壺〔石棺〕が一個ぽつんと置かれていました。

❖タート・ルアン　That Luang

ビエンチャンのランドマークともいえるこの寺院の創建は紀元前三〇七年に遡ります。当時ラオ族の五人の僧がインドに留学して帰国する際に仏舎利を持ち帰りました。この時のプラヤー・チャンタブリー・バシティサック王は、この仏舎利を納めるために仏塔を作りました。その後一五六七年、セーターティラート王は、この古い仏塔跡の上に新しい塔を完成しました。なお古い仏塔の模型は現在国立博物館に展示されています。寺院正面の門の前の

タート・ルアン

回廊に展示された石仏像

広場にはセーターティラート王が正装姿で剣を持って椅子に座っている像があります。

タート・ルアンは、外装に金箔を用いた高さ四五メートルの仏塔です。一辺八五メートルの外壁、一辺六〇メートルの方形基壇上に築かれています。仏塔の周囲には緑色の芝生が植えられており、その外側に回廊が巡っています。回廊外側の庇の下には大小の石仏像が整然と並べられています。これは博物館の展示方法と共通しており、ここでも「博物館」という表示がありました。

回廊を素足で巡り、中央に安置された仏に祈願する地元の人々がいました。篤い信仰を集めている宗教施設であることがよくわかります。

❖ワット・シーサケート　Wat Sisaket

この寺院は一五五一年セーターティラート王によって創建されたと伝えられています。ホー族による反乱が一八三七年に発生し、多くの収蔵品が失われましたが、建物などは創建当初の姿をとどめているとのことです。

ラオスの伝統的な様式で建築された木造の本堂の回廊には六段の小さな小窓が設けられています。これは

二段に置かれた仏像

ワット・シーサケート

仏像を祀る仏龕です。四方の回廊すべてにあるので合計三四二〇個を数えます。仏龕内部には小型の仏像が二体ずつ収められています。仏像はほぼ同じ大きさで、金箔が表面を覆っています。その前には金銅仏とブロンズ仏像が二段に置かれています。ここにも「SISAKET MUSEUM」と表示されていました。

❖パトゥーサイ（凱旋門） Patou Xai

戦死した兵士の慰霊のために建設された慰霊塔です。パリの凱旋門をモデルにしています。一九六〇年代から建設工事が始まりましたが、現在も未完成の状態のままです。未完成とはいえ、天井の極彩色絵画や側壁などの彫刻や装飾はすばらしいものです。

門の屋上からの眺めは素晴らしく、高層ビルの見られない市街地を一望することができます。売店では布織物や木彫品などの土産物が販売されていました。

❖塩づくりの村

ラオスは東南アジアでは海がない唯一の国です。そのラオスで塩づくりが行われている村がいくつかあります。海のない国でどうして塩が取

パトゥーサイ

天井の絵画

れるのか不思議に思いましたが、実は岩塩が溶け込んだ地下水を汲み上げて塩を精製していたのです。

首都ビエンチャンの郊外、車で約一時間のコクサアアト村（Koksaat Village）はごく普通ののどかな田舎の村です。田んぼが広がっています。ここは、地下から汲み上げた塩を含む水で満たされた塩田でした。ここでしばらく天日に当てた後、塩田の傍らに約八メートル間隔で設置されているかまどで加熱して塩の結晶を取り出していきます。塩の結晶は竹籠に移されて保管倉庫に運ばれます。かまどの周囲には竹籠からこぼれた塩が散乱し、まるで雪が積もったようです。塩が山積みとなっている側では塩の袋詰めが行われています。

バンクイン村の塩づくり

もう一ヵ所、ラオス動物園から一〇分程度のバンクイン村（Ban Kein Village）でも塩づくりが行われていました。ラオスでは最も古くから操業していたところで、かつては国営企業でしたが、今は民間企業が細々と塩づくりを続けているようです。

チャンパーサック県　Champasak

パークセー空港

ビエンチャンから国内線の飛行機で約九〇分、ラオス最南端のチャンパーサック県の県庁所在地のパークセー国際空港に到着します。パークセーはビエンチャンに次ぐラオス第二の大都市です。メコン川が町の中央を流れ、両岸に市街地があります。

❖チャンパーサック歴史遺産博物館　Champasak Historical Heritage Museum

チャンパーサック歴史遺産博物館はパークセーの街の中心部から徒歩一五分ほどのダオファン市場の近くにあります。博物館の表示がわかりにくいので、隣の Pubric Library の看板を目印にすると迷わずに行けます。

建物は二階建てで外壁は白く塗装され、正面にはカイソーン・ポムビハーンの胸像が置かれています。展示室では東南アジアではおなじみの青銅器である銅鼓が三点展示されています。ほぼ完全な状態の大型のもののほか、黒色で星形文様が見られる小型のもの、破損が著しい状態のものがあります。続いて土器の壺や、短冊状の板に梵字経文を記した仏教関係の遺品、木琴楽器などが置かれています。また布織物に使用される糸繰り道具（糸車）や織機などの民族関係の道具類もケース外の展示台に並べられています。

民俗に関しては農耕具や竹細工の籠なども見ることができます。また木彫の小型仏像もケース内ではなく外に置かれています。建築物の部品では、建物の入口部分に使われる石製のリンテルがいくつかあります。どれもヒンズー関連の神像や草花文様など美しい装飾が施されています。ヒンズー教関連の遺物では石製のリンガや青銅製の神像などがあり、いずれもガラスケース内に展示されています。神の使いとされる小型の牛ナンデイ像や、やや大型の仏頭は展示台の上に置かれています。

クメール文化がこの地にまで及んでいたことはワット・プーの遺跡から明らかですが、クメール陶器の大型の甕や中型の杯、壺、皿、鉢などを多数見ることができます。

考古学関係や民俗資料など見ごたえのあるものが多い一階の展示に比べ、二階の展示品はやや物足りない印象があります。チャンパとの争いの時代を描いた絵画、武器や武具をはじめ、近現代の戦争の展示では写真パネルが多用され、投下された爆弾の破片や銃器などが展示されています。

❖【世界遺産】ワット・プー

「チャンパーサック県の文化的景観にあるワット・プーと関連古代遺産群」が世界遺産に登録されたのは二〇〇一年です。カオ山の麓にあるワット・プーと周辺の遺跡群約三九〇平方キロが対象地域になっています。ワット・プーは、クメールの覇者であるジャヤバルマン七世によってヒンズー教寺院として建設されました。

ワット・プー入口のチケットオフィスにはシーサー（狛犬）の石像が置かれています。駅の改札口のような入口を通過すると、目の前にワット・プーのある丘がすごい迫力で迫ってきます。寺院背後の台形の山は頂上が霧でかすみ、東西に長い長方形の池（聖池）が二つ並んでいます。電気自動車に乗って、灯籠のような石塔が立並ぶ参道正面に出ます。この参道をしばらく歩くと、ワット・プー遺構の建物が見えてきます。

切石で造られた大型の建物があります。南宮殿は、山形の屋根にリンテルや破風などが残っていますが、上部が失われています。リンテルにはヒンズー教の神、破風にはナーガや植物文様の装飾が彫刻されています。壁面の連子窓はカンボジアのアンコール遺跡群のものとよく似ています。北宮殿は修復工事中で、柵で囲われています。

南北宮殿を過ぎると参道は登り道になってきます。参道左側にナンディン

参　道

南宮殿

北宮殿

頂上からの眺め

宮殿と呼ばれる小さな建物があります。さらに急な坂道を行くと十字テラス、ストウーパのテラスを経て最奥部にある本殿に至ります。ここから麓を見下ろすと、参道、聖池、南北宮殿などが一望できます。このわずかな平坦地に大きなパラソルを広げて飲料水や菓子、木彫の土産物が販売されていました。

　頂上の本殿は、麓の宮殿と比べかなり小さいことに驚きます。本殿の仏像の前には供養壇があり、お供え物やろうそく、線香が手向けられています。

また、象やワニが彫刻された石、蛇の胴体を表現したという石など謎の彫刻が掘られた石が見られます。

❖ワット・プー展示館　Wat Phu Exhibition Hall

　世界遺産のワット・プーの地域内にある展示施設です。ラオス様式の赤い瓦葺きの切妻屋根とモルタル・コンクリートを用いた横長の平屋建ての体育館のような建物です。三角形の破風に仏像と飛天をデフォルメしたような装飾の玄関です。内部はグレー系の色調で床、天井、壁面が統一されており、濃いブルーの展示台の上に石造遺物が並べられています。展示品はあまり多

ワット・プー展示館

牛の彫像

くありません。

展示室に入ると左手の床にナンディンと呼ばれる牛の彫像が置かれています。この牛は、ヒンズー教の主神たるシヴァ神の乗り物とされる乳白色の牡牛です。乳海攪拌の時に生まれた牝牛スラビーと聖仙カシュヤパとの間に誕生したと伝えられる子供で、シヴァが踊りを舞うとき、そのための音楽を奏でる役を担います。シヴァの寺院にはしばしばこの聖牛ナンディンが祭られていますが、全ての四足動物の守護神とされています。また、展示室奥にはクメール王朝の遺跡の分布図や関連の遺跡・遺物の紹介が写真パネルや解説ボードなどで紹介されています。

シェンクワン県　Xiengkhouang

ラオス北部のシェンクワン県は県庁所在地ポーンサワンが観光の拠点となっています。ビエンチャンから空路約三〇分で到着します。シェンクワン空港は、草原の中に簡易舗装の滑走路と小さな建物があるだけの超ローカル空港です。乗降用タラップで地上に降りてから建物まで徒歩で向かいます。預けた荷物も手渡しで、何とも要領が悪く、時間が無駄に過ぎていきます。パスポートチェックを行う制服姿の役人が二名います。空港前の広場は客待ちのタクシーも見られず閑散としています。迎えのガイドに案内されてワゴン車に乗り込み、ポーンサワンへ向かいました。一五分ほどで市の中心部に到着しました。大小さまざまなホテルや食堂、市場などがあります。道路は一部未舗装のため砂埃りがひどいのには閉口しました。シェンクワン空港にも近いジャール平原には、大小無数の石壺が広い平原の範囲に散在しています。ここはラオスの次の世界遺産候補として注目されている遺跡です。ジャール平原を訪ねるツアーも多いようです。

シェンクワンはベトナム戦争当時、北ベトナム側への重要な補給ルートであるホーチミンルートがここを通過していたことから、アメリカ軍の激しい空爆が繰り返された地域でした。米軍機が投下した爆弾の不発弾処理は現在も続けられており、処理団体の本部事務所が市街地中心部に置かれています。またその事務所に小規模な戦争博物館があります。

あちこちに石壺がみえるジャール平原

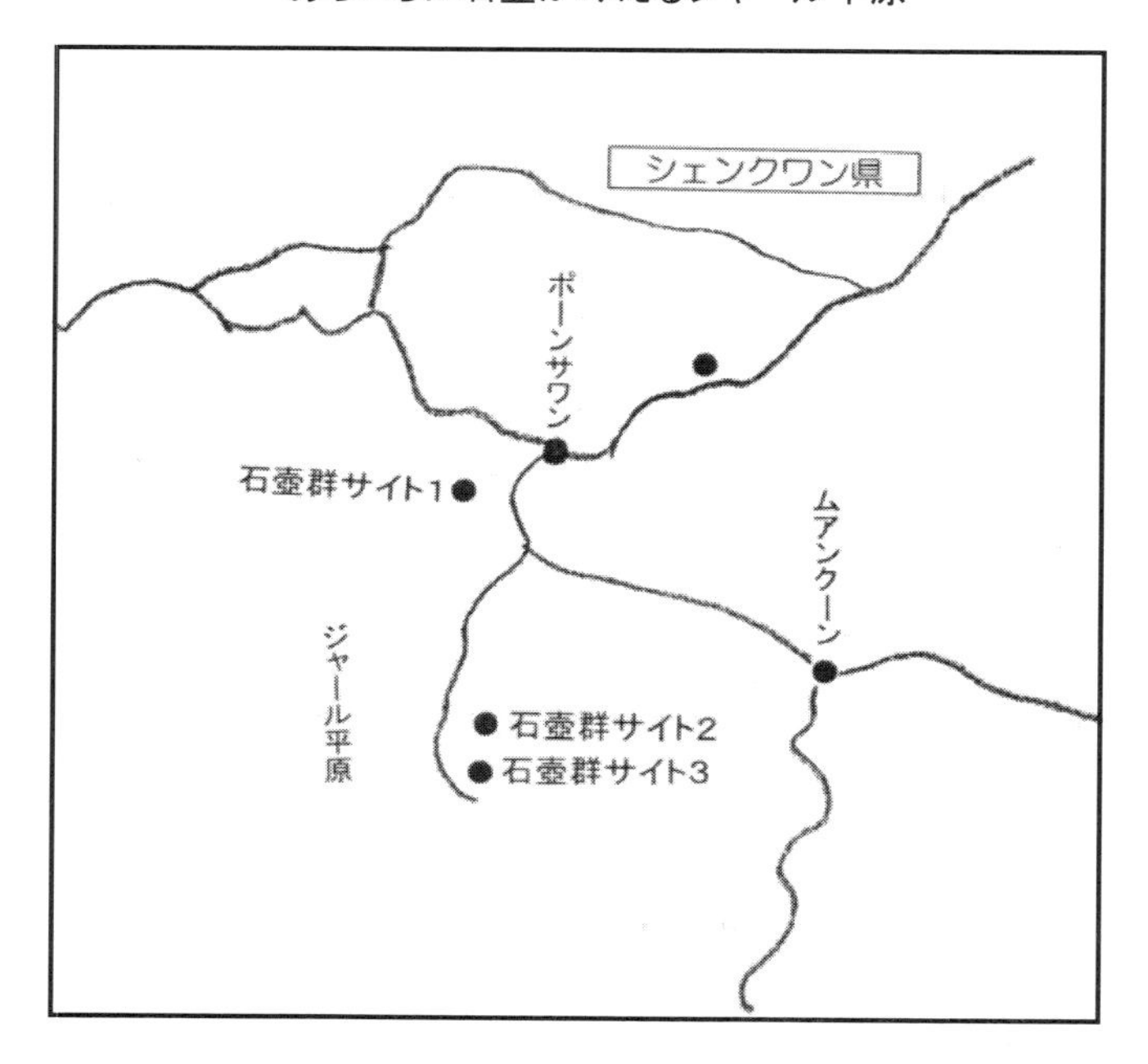

❖シェンクワン博物館・図書館

ポーンサワンにあるこの建物はかつて博物館だったようですが、今は左半分が図書館になっています。博物館の展示が行われていたのかなという痕跡は残っていますが、現在は雑然とものが積まれているだけのようです。

奥の部屋で作業している関係者らしい女性と話をすることができました、彼女は考古学の専門家のようで、かつて遺跡調査した際の出土遺物を整理中のコンテナから出して見せてくれました。長胴の素焼きの土器で、全体にひびが入っており今にも壊れそうでしたが、ほぼ完全な形が残っていました。この遺跡から出土した石製品、おそらくヒスイのような材料を加工した玉製品もありました。それらの出土した遺跡はベトナムとの国境付近の先史時代のものだということでしたが、詳細は時間切れで聞けませんでした。

現在、隣接地に大型の建物が工事中でしたが、それは図書館のようです。

❖シェンクワン戦争博物館

ポーンサワンにあるシェンクワン地域の不発弾処理センターの中に設けられている小さな博物館です。不発弾処理後の爆弾の部品を集めて展示したもので、カンボジアの戦争博物館や地雷博物館の小型版の施設です。責任者の一人であるバンセンさんに案内してもらいました。

シェンクワン博物館・図書館

さまざまな爆弾

処理班の人員配置図（命令系統図）、処理範囲の明示、処理を終えて安全となったところを表示した地図などが掲示されています。ガラスの展示ケースには、処理されたクラスター爆弾のテニスボール程度の鉄球の実物や、当時投下された小型の爆弾、地雷などが見られます。建物の外では、大型の爆弾をはじめ小型爆弾、ラオス軍の高射砲などの銃器の展示が行われています。

■ラオスとクラスター爆弾、禁止条約

ベトナム戦争中、五〇万回以上のアメリカ軍による爆撃がラオスに対して行われました。パテトラオなどが北ベトナムへ物資補給などの支援をしたためです。ラオス全土に二〇〇万トンを超える爆弾がシェンクワン県を中心としたラオス北部とホーチミンルートの通る南東部に集中して落下されました。それは一平方キロメートルあたり約二〇トン、ラオス人一人あたり一トン以上の爆撃が行われてきたことになります。これらの爆撃では、二億八〇〇〇万個以上の対人用の子爆弾がクラスター爆弾から投下されました。この子爆弾は、ラオスの人々には、「ボンビー」として知られているそうです。それぞれの子爆弾はテニスボールほどの大きさですが、その中に入っている三〇〇個の鉄球が飛散して人々を殺傷しました。この残虐な爆弾の被害をなくすためにノルウェーおよび有志国とNGO団体が協力し、二〇〇八年にクラスター爆弾禁止条約（オスロ条約）が成立しました。日本は二〇〇九年に批准、加盟し、二〇一〇年に条約が発効しました。

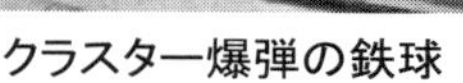

クラスター爆弾の鉄球

❖MAG UXO MAG　ビジター・インフォメーションセンター

UXO Visitor Information Center

ポーンサワンの市街地の中心部にあるごく普通のオフィスですが、ここはシェンクワンに残る不発弾処理のために組織された団体のインフォメーションセンターです。不発弾処理の実情を写真パネルなどによって解説しているほか、Tシャツなどを作成して販売し、資金援助の寄付の協力を求めています。

❖ジャール平原石壺群ビジターセンター　Plain of jars Visitor Center

ジャール平原の石壺群のインフォメーションセンターとして設立されたものです。平屋造りの簡単な建物で、外壁は明るいブラウンに塗装されています。この遺跡群はラオスでは次の世界遺産候補として注目されており、先手を打って作られた施設と思われます。

天井が高くゆったりとした展示室です。壁面に遺跡の航空写真を引き伸ばした大きな写真パネルが掲げられ、ガラスケースには石壺遺跡群から出土した遺物が並べられています。また調査による石壺の実測図やその分布位置図などがボードに貼られています。

ジャール平原石壺群ビジターセンター

石壺遺跡群内にはアメリカ軍が投下した爆弾の痕跡であるクレーターや、ラオス兵が掘った防空壕や塹壕の痕跡が随所に残されており、それらの写真パネルも見られます。クラスター爆弾の不発弾などは除去作業等の処理が終わり、現在では安全に遺跡見学ができることが強調されています。ここでは処理された爆弾の残骸などの展示も行われています。また爆弾の破片で造られた象や十字架を表現したペンダントなどの装飾品やスプーンなどが土産物として販売されていました。

❖ジャール平原石壺群サイト1　The Stone Jars in Plain 1

巨大な石壺が並ぶジャール平原はいくつものサイトに分かれていますが、主なサイトは三つあります。最大のサイト1にはビジターセンターから専用の電気自動車に乗っていきます。

この石壺群サイト1は、大きな壺の丘とも呼ばれており、大きな石壺が集中して分布しています。二五ヘクタールという広大な平原の中に合計三三四個の石壺が並んでいます。センターが用意したカートで三、四分走ると、専用駐車場の広場に到着します。地元の人が飲み物やヤシを販売しています。そこから細い道を五分ほど歩くと目の前に石壺の集団が目に入ってきます。爆弾投下の跡という大きなクレータが二カ所見られ、兵士が掘った塹壕の痕跡が石壺を避けるように巡らされています。どれも表面は草で覆われています。

石壺群サイト1

真横に爆弾が落下したため大きく破損した石壺があります。真っ二つに割れたものや、片方が失われたものなど見た目にも悲惨な状態のものがあります。九二号と呼ばれる壺が最も大きなもので、高さは二・五メートルもあります。西側の低い丘の部分にとくに多くの石壺が分布しており、六〇〇メートルほどの間に約二〇〇個もあります。石で造られた蓋がある壺があります。かつては多くの壺にこのような蓋が伴っていたと考えられます。

二つの丘の間の谷道を少しセンター側に戻ると、岩盤の岩肌を大きく掘りぬいた洞窟が目に入ります。内部には祠が造られています。一九三一年にフランス人研究者によって調査が行われました。そこからは土器や鉄鏃などの遺物が出土しており、センターで写真パネルが展示されています。祭祀遺跡あるいは生活痕跡の遺跡と見られます。

蓋付きの石壺

❖ジャール平原石壺群サイト2　The Stone Jars in Plain 2

サイト1から南に約二〇キロの丘陵上に位置しています。丘陵の表面を雨水が激しく流れたことで赤茶色の粘土が露呈しています。自然の浸食の荒々しい痕跡が残されている場所です。車を降りて、斜面を切り開いて造られた階段を上っていくと、木々の間に石壺が林立する様子が見えてきます。ここには二つの丘陵上に九三個の石壺が分布しています。ここでは農家が牛を放牧しており、石壺の周りに牛の糞が落ちており、よほど注意しないと踏んでしまいます。また牛も放し飼い状態なので、その視線に危険さえ感じます。

手前の丘には木々が繁茂していますが、ここの石壺はサイト1と比べると直径が小さいのが特徴です。

石壺群サイト2

石の内側も方形をしており、口縁部の蓋受の加工痕跡もほかの地区の壺と様相が異なります。反対側の丘にも約一〇個の石壺がありますが、その多くは破損しています。これは空爆ではなく、近くからの機銃の弾痕のようです。おそらくラオス軍兵士が撃ったものでしょう。

石壺が分布する地点はこの辺りでは最も標高が高いようで、ここから周囲の景色が一望できます。

❖ジャール平原石壺群サイト3　The Stone Jars in Plain 3

サイト2から南に直線距離で約五キロ、ポーンサワンの市街地の南二〇キロにサイト3があります。集会所のような建物がある広場が駐車場になっており、そこから細い川を渡って水田地帯のあぜ道を延々歩くことになります。あぜ道はかなり狭いので、注意して歩かないと足を滑らせて側溝にはまってしまいます。ここでも放牧が行われており、家畜が逃げ出さないように柵が設けられています。遺跡見学者にはこれが厄介な存在で、これを越えないと進めないのです。ようやく遺跡に到達したのは車を降りてから三〇分以上、額には汗が滲んでいました。

あぜ道を延々と歩く

あちこちに柵が

石壺群サイト3

サイト3には一五〇個前後の石壺が確認されています。とくに最も奥の平坦地に集中しています。どちらかというと中型か小型のものばかりです。他の地域と同様、横に倒れたものや斜めになっているもの、上半部を失っているもの、半壊したものなどが多いようでした。また、石壺が極端に近接しているのもこの地域の特徴かもしれません。

このサイトの背後の山には石材を切り出した場所があるとのことでしたが、そこまでは行くことができませんでした。

以上三地域の石壺群を見てきましたが、アクセス道路は決して良好とはいえませんし、柵の設置に見られるように地元民の遺跡に対する無関心さが気になりました。

❖タート・フーン　That Foun

ポーンサワンから車で北東へ約一時間余り走るとムアン・クーンに到着します。かつてオールドキャピタルと呼ばれたシェンクワン地域の中心地として栄えた町でした。しかしシェンクワン県を中心としたラオス北部地域は、ベトナム戦争当時、北ベトナムやベトコンへの補給ルートであるホーチミンルートが通過することからアメリカや南ベトナム軍の集中的な空爆を受けま

タート・フーン

した。このためかつての街の姿は一変し、その復興はまだ緒に就いたばかりです。この町の高台に高さ三八メートルの煉瓦造りの仏塔タート・フーンがあります。

この仏塔は一六世紀ころに建設されたとされています。塔の外面は煉瓦の上に青々とした草が生えており、雑草の塔といえるかもしれません。宝物目当ての盗掘によって中央部に大きな穴が穿たれており、無残な姿を見せています。ただしこのおかげ（?）で煉瓦造りの仏塔の構造が一部明らかになっています。この高台にはいくつかの土壇の高まりがあります。おそらく創建当初はいくつかの祠堂が立ち並んでいたものと考えられます。

❖ワット・ピアワット　Wat Phiavat

一九六八年のアメリカの空爆によって建物など大半が破壊されたワット・ピアワットの本堂の残骸です。この寺の本尊の大仏像が中央に安置されています。肩から体の一部にかけて爆撃による損傷の痕跡が明瞭に残されており、痛々しい限りです。

なおこの境内に僧侶が住んでいる建物があり、洗濯物が干してありました。これらの建物は新しく建築されたもので、果たして彼らがもともとここに居住していたのか、本来この寺の継承者かどうかは明らかではありませんでした。

無残な姿のワット・ピアワットの本堂

ルアン・パバーン Luang Phabang

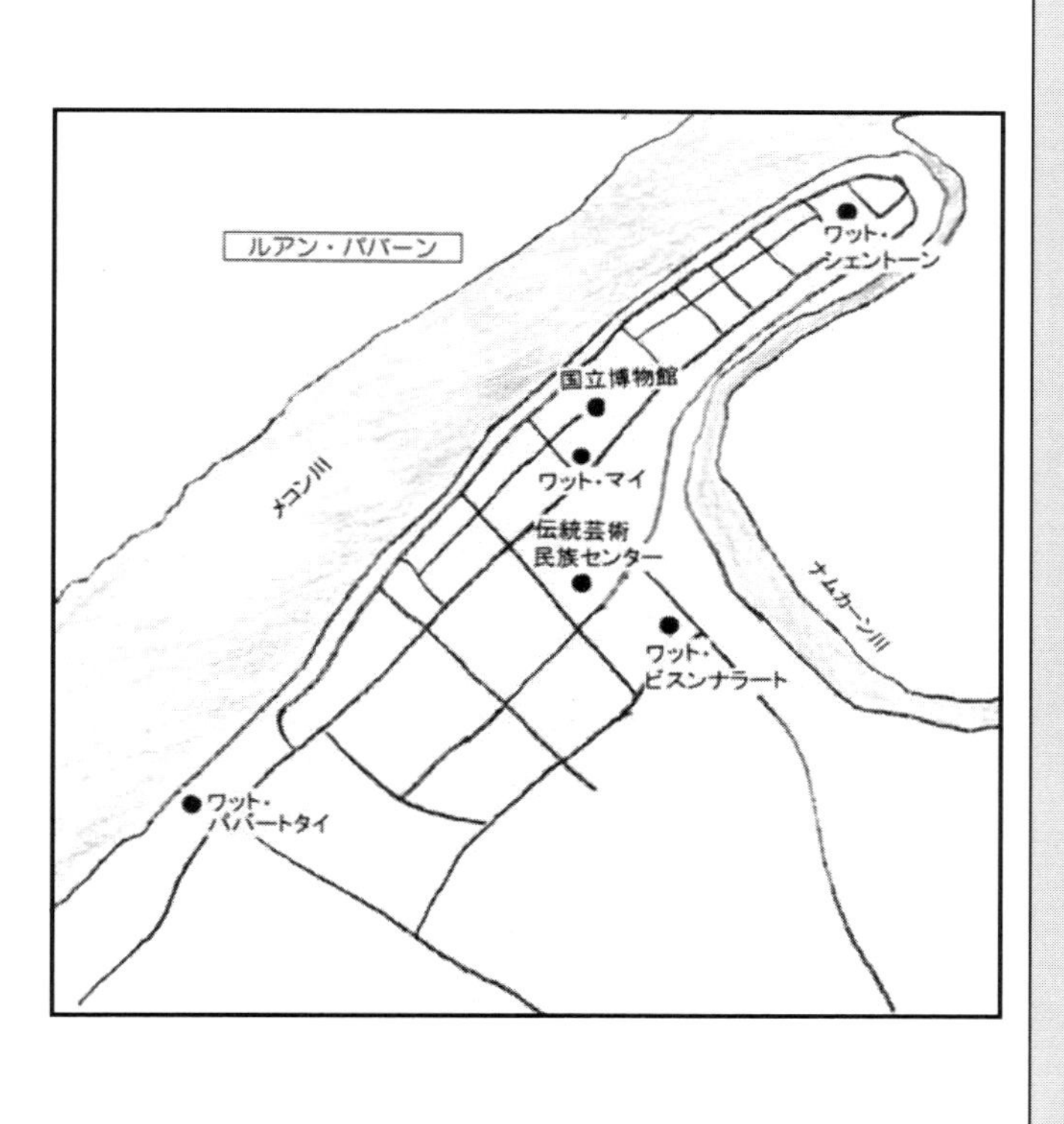

❖【世界遺産】ルアン・パバーンの町

首都ビエンチャンから空路一時間弱でルアンパバーン空港に到着します。この空港からはラオス国際航空（ラオ・エアー）が韓国、中国、タイ、シンガポール、カンボジアへ定期便があります。

ここは王宮を中心にメコン川の沿岸に発展した町です。一九九五年に世界遺産に登録されました。市街地の中央を走る道路に面して、伝統的な家屋や寺院が建てられています。毎日、早朝には寺院から僧侶が列を成して托鉢に出ます。市民や観光客が蒸し米や袋菓子を持って托鉢僧の到着を待っています。僧侶に喜捨するお米や菓子を売る物売りもいてなかなかにぎやかです。

にぎやかな朝市

托鉢僧に喜捨する人々

托鉢の列が去ると、観光客や住民の姿が消え、再び静寂な街に戻ります。裏通りでは朝市が始まります。メコン川で捕ってきたばかりの魚がずらりと並べられ、白菜、キャベツ、ホウレンソウなどの葉物からレンコン、ニンジン、大根、イモのような根菜類まで野菜も盛りだくさんです。そのほか鶏卵、鶏肉、カエル、米、麦、塩、砂糖なども売られています。木工品や布織物などの加工品、観光客相手の土産物も販売されています。

表通りには洋風の建物とラオス風の建物が混在しています。洋風の建物は白壁の二階建て、大きな窓の枠組みが黄金色に塗装されるというカラフルなものです。伝統的なラオス風建物群は大きな切妻屋根が複雑に組み合わされた独特の形をしており、ほぼ平屋建てです。この町では様式の違う建物がうまく融合しています。

❖ルアン・パバーン国立博物館 Luong Prabang National Museum

世界遺産「ルアン・パバーンの町」のほぼ中心部に位置する王宮の建物がそのまま国立博物館として利用されています。王宮は一九〇九年、ルアン・パバーン王国のシーサワンウォン王の宮殿として、メコン川沿いのこの場所に建設されました。当時のラオスはフランスの植民地になっていましたが、ルアン・パバーンだけは「保護領」とされ、形式的に王政が続いていました。王の死後、内戦状態に入り、一九七五年にパテト・ラオがルアン・パバーンを支配したことにより、王の家族は王宮を出ることになります。その翌年の一九七六年にここは博物館として公開されました。

建物は横に長い重層屋根構造の白亜の建物と、その奥にある方形建物の二つで、その間に広い謁見の間があります。かつての王宮ですからたくさんの部屋があります。前方の建物には儀式の間、祈祷の間、王の接見の間、書記官の執務室、王妃接見の間があります。奥の建物が生活空間で、王の部屋、王の書斎、王妃の部屋、子供部屋、食堂があり、家具や調度品、食器などが並べられています。とくに銀色に輝いている食器類は豪華です。

博物館の入口右手に黄金色の外壁がひときわ目立つ豪華な建物があります。これは王族や国民が

パバーン仏を安置した寺院

ルアン・パバーン国立博物館

信仰するパバーン仏を安置するため建てられた寺院です。

博物館周辺は夜間にはナイト・バザールで賑わいます。館の周りに織物や金工品、木製品などの店が並びます。またパバーン仏を安置する寺院はライトアップされ、その美しさがひときわ目立っていました。

❖ワット・シェントーン　Wat Xiengthong

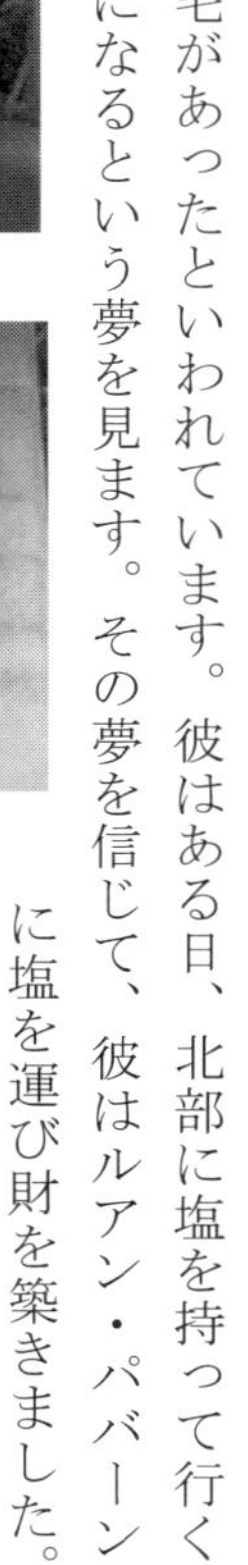

セーターティラート王によって一五六〇年に創建された寺院で、ラオスで最も美しい寺院といわれています。

この寺院が建てられている場所には、その昔、チャンターバニットという商人の居宅があったといわれています。彼はある日、北部に塩を持って行くと金持ちになるという夢を見ます。その夢を信じて、彼はルアン・パバーンに塩を運び財を築きました。彼の死後、その功績を称えたセーターティラート王が寺院を建立したとのことです。

ワット・シェントーン

本堂の内部

霊柩車

堂内には、チャンターバニットの伝承を描いた壁画や木造の仏像などを見ることができます。入口右手の建物は「ホー・サーラ・ロット堂」と呼ばれ、一九六二年に建てられた霊柩車の保管庫で、一九六〇年に行なわれたシーサワンウォン王の葬儀で使用された霊柩車が納められています。黄金で覆われた霊柩車の先端には装飾用に多くの龍の頭が付けられています。

この建物の正面の木製外壁には、古代インドの叙事詩「ラーマーヤナ」物語の各場面を表現した浮彫が見られます。これらの彫刻は二十世紀ラオス第一の彫刻家ティッタンによって製作されたものです。

❖ワット・マイ　Wat Mai

ルアン・パバーンの市街地中心部の国立博物館に隣接している寺院です。建物の屋根が四重に重なりあうラオス独特の形で、ルアン・パバーン様式とも呼ばれています。この屋根は、ワット・シェントーンより華麗で美しいようです。

境内は低い塀で囲まれ、石製の小さな礼拝用の堂、仏塔、祠堂と見られる三棟の小さな物があります。

本堂は重層屋根の切妻造りの大きな建物ですが、その前方に横に長い切妻屋根の建物が付属しているという変わった構造をしています。本堂正面の壁面の金銅製のレリーフは「ラーマーヤナ」に取材して表現したもので、一九六〇年に製作されたものです。

本堂の金銅製のレリーフ

朱色に塗装された本堂

ワット・マイ

この寺院は、一七八八年に建設工事が始まり、七〇年の年月を要して完成しました。正式の名前はワット・マイ・スワンナプーン・アハーン、意味は「美しい黄金の国土の新しい寺」です。

本堂内部の壁面は朱色に塗装され、上半部分に小型の仏像が八列、さらにやや大きな仏像が三列とちりばめられています。柱も朱色で、上面に黄金色の花文様が見られます。本尊の仏像をはじめ多数の仏像が安置され、多数の水晶仏が見られます。

❖ワット・ビスンナラート Wat Visunnalat

ワット・マークモー（スイカ寺）とも呼ばれているそうです。名前の由来となったのは、境内の中央部にあるスイカを半分に切ったような黒っぽい堂々たる半球形の宝塔、タート・パトゥムからきています。

この塔は一五〇五年頃にビスンナラート王の王妃によって建立されました。宝塔の高さは三五メートルあります。とくにこの時期は上座仏教が活況を呈し、パリー三蔵経がラオス語に翻訳されるなどラオス古典文学の開花期とされています。しかし残念ながらこの仏塔は一九一四年に大雨によって崩れました。一九三二年の修復工事の際、仏塔の内部から黄金仏や水晶仏など多くの宝物類が発見され王室に納められました。これらは現在国立博物館に展示されています。

堂の内部には黄金で覆われた仏像が安置されています。さらに本堂の壁面側には多数の木彫仏像が壁面に立てかけられるような状態で並べら

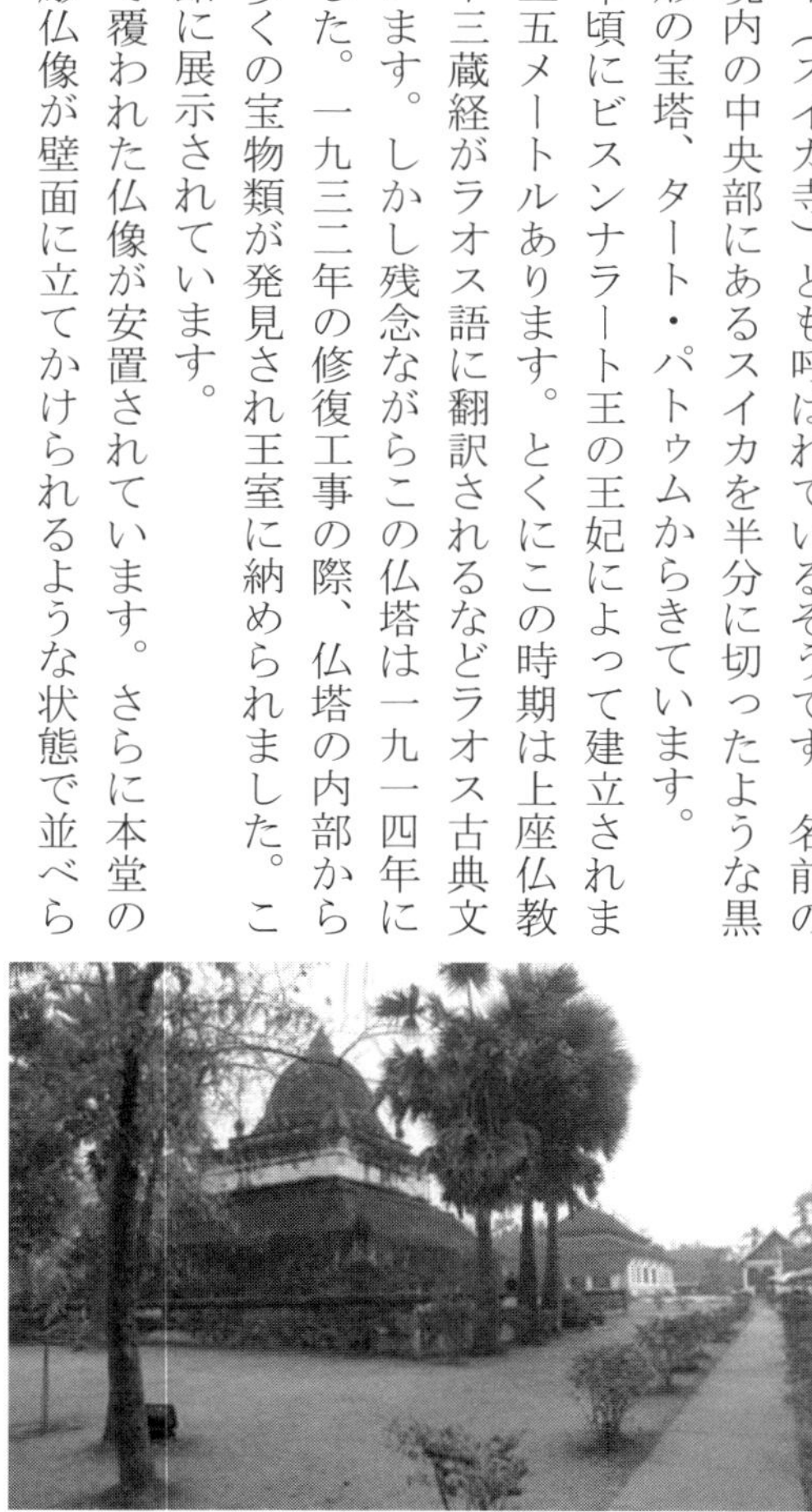
ワット・ビスンナラート

黄金で覆われた仏像

多数の木彫仏像

れています。また銅鐘などの仏具なども展示されており、まるで博物館の展示室か収蔵庫のようです。

❖ワット・パバートタイ
Wat Pha Bat Tai

メコン川のほとりに建てられたベトナム様式の寺院で、外観や装飾がきらびやかで、ルアン・パバーンのほかの寺院とは明らかに様相が異なります。寺の創建は、十七世紀頃とされています。ワット・ケオとも呼ばれます。ケオとはベトナム人を示す

ワット・パバートタイの仏足石

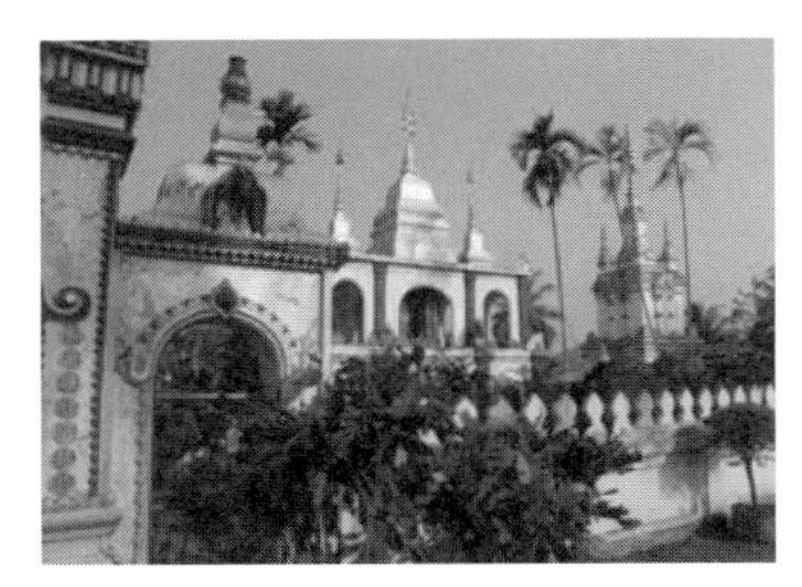

ワット・パバートタイ

言葉でから、直訳すると「ベトナム人の寺」ということになります。

一八三三年に火災に遭って焼失しましたが、まもなく再建され現在に至っています。メコン川に面した傾斜地には仏足石が置かれているのですが、上部をコンクリート製の半円形の屋根で覆われているので、のぞき込まないとそれが仏足石であるとはわかりません。

❖伝統芸術民族センター
Traditional Arts and Ethnology Center

タラート・ダラーと呼ばれる市場に近接する丘の頂上にある小さな民族博物館です。ラオスにはいくつかの少数民族が居住しており、彼らの伝統と芸術を保護し、かつ普及啓蒙を行う施設としてこのセンターが建設されました。展示施設としての博物館と調査研究施設、さらにカフェテラスが併設されています。

展示フロアはあまり広くありませんが、民族別の衣装の実物展示をはじめ、ジオラマや、写真パネルなどによる展示が見られます。

❖バンチャン伝統的土器作り工芸村

ルアン・パバーンの市街地に沿って流れるメコン川の川舟乗り場から船で川を遡ること二〇分余りで、

伝統芸術民族センター

バンチャン村の土器づくり

対岸のバンチャン集落に到着します。船着場から急な坂を上ると、バンガロー式のリゾートホテルがあります。そこを抜けるとまもなく村の入口です。ここで入村料を支払います。ここではほとんどの家が陶器づくりに関わっているようです。

ロクロを使って粘土紐を巻き上げるミズヒキ手法という方法で壺や甕などの日常容器を製作しています。ロクロは二人一組で、一方が作り手で、もう一人がロクロを手で廻したり粘土紐を作ったりする補助者です。

窯は地下五メートルあたりに焚き口があり、地下を彫りぬいて構築された地下式（トンネル式）で、床面にはほとんど傾斜が見られません。煙突の径は五〇センチ余りで、高温の炎によって青く焼け固まっています。

ここで焼かれる製品は、一一〇〇度以上の高温で焼かれたもので、陶質土器に分類される焼き物です。表面はカーボンが付着して黒っぽいねずみ色をしています。また自然の灰釉がかかった製品も見られます。

かつては家族や複数のグループで窯を持って運営されていたとのことですが、この場所に同業者が集められて工芸村を形成したことから、窯や作業面での共同作業が行われるようになりました。そのためか伝統的な窯業形態も失われつつあるようでした。

❖パークウー洞窟　Pak Ou Caves

メコン川のルアン・パバーンの船着場から船に乗って上流へ約二時間、距離にして約二五キロのところに、絶壁に洞窟があります。このパークウー洞窟に行くには船着場から急な崖面に付けられた階段を上らなければなりません。

洞窟には大小さまざまな仏像が無造作に置かれています。これらの仏像は、仏教信仰に篤いラオスの人々によって自然発生的に集められたもののようです。

所狭しと並べられた仏像

仏像の総数は四〇〇〇体を超えるといわれており、圧巻の一語に尽きます。歴史的な価値、あるいは美術的価値のある古い時代のものなどはほとんどなく、新しい時代のものばかりですが、ここにこれだけたくさんの仏像が運ばれてきたことに驚きました。また、それを観光資源として活用しているしたたかさにも脱帽しました。

絶壁にある洞窟

■上座仏教とは

現在ミャンマー国民の大半が信仰する上座仏教とは、日本の仏教とどの違うのでしょうか。

日本の仏教はごく一部を除いて大乗仏教の系列に属します。大乗仏教は自らが救済に至る大きな乗り物（大乗）に対し、上座仏教は少数のエリートしか救済しない「小さな乗り物（小乗）」であるという大乗仏教側からの批判があります。ちなみに、小乗仏教という呼称は大乗仏教側から上座仏教に対する蔑称で、上座仏教では一切この名称は用いていません。

ミャンマー、タイ、ラオス、カンボジアなどの地域の上座仏教の僧侶は、文字通りの出家者で、一般社会の欲望と絶縁して僧院に入り、修行に専念する日常生活を送っています。家族を持つことや異性との接触は一切禁止され、金銭にかかわること、労働すること、娯楽に興ずることなどのすべてが禁じられています。したがって僧侶は在家信者の助力なしでは生きていけない状態に置かれているのです。

上座仏教の僧侶は、食事の施しを得るために托鉢行で僧院を出ますが、他は終日僧院で経典読誦、写経などの修行生活を送っているとされています。

■上座仏教と大乗仏教の伝播の系譜

上座仏教と大乗仏教に分かれたのは、古代インドで釈迦が入滅した後、原始仏教は発展を続けますが、一世紀頃、根本分裂という大きく二つの系列、大衆部系と上座部系への分裂が生じました。その一つが原始仏教教団の伝統を強く残し、個人による出家と修行を重視する自力救済を目的とし上座部系教団に対し、大衆部系は逆に釈迦の慈愛により生けるものすべての救済を信じたのです。

やがて小分裂を繰り返してそれぞれ様々な宗派に発展していきます。後に大乗仏教に発展する大衆部系の諸宗派はインドから陸上ルートで中国、朝鮮半島を経て日本に伝播し、並行して海上ルートから東南アジアにも伝わりました。一方、上座系仏教はスリランカから東南アジア大陸部のモン族に伝わり、十一世紀以降ミャンマーから対、ラオス、カンボジアへと伝播し、これらの地域ではそれぞれの王権と深く結び付き上座仏教国家を形成させていったと考えられています。

あとがき

東南アジア諸国の博物館めぐりもようやく終わりに近づいてきました。思い起こせば、ヨーロッパ諸国の博物館を訪問していたころ、自分には、アジアの国々の博物館や遺跡について何も情報がないことに気が付きました。それから一念発起して、マレーシア、タイ、ベトナム、香港・マカオ、カンボジア、インドネシア、フィリピン・マニラ、台湾とめぐり、そして今回はミャンマー、ラオスを訪問しました。

ミャンマー、ラオスは、カンボジアと同様、博物館の数はあまり多くありませんが、遺跡や寺院はかなりの数があります。そして、ラオスでは寺院に「博物館」という表示が見られます。このようなケースは他の国々では見られませんでした。

世界遺産の各遺跡を巡ってみると、地元の期待と整備状況がうまくマッチせず、現実とのギャップがいちじるしい場所も見られました。昨今の日本の状況、すなわち世界遺産登録に各地域が躍起になっている姿とは比較にならない、ある種の素朴さを感じざるを得ませんでした。

ともあれ東南アジア博物館訪問はそれぞれの国のインフラ整備が進展すると、より行きやすく、また博物館の整備状況も大いに進むと期待されます。近い将来、それらの整備された段階での再訪問を期したいと考えておりますが、果たしてできますかどうか？

今回も、琉球大学池田榮史教授をはじめ男里真紀氏ほか多くの方々にご協力を頂き、また芙蓉書房出版の平澤公裕社長には多くの助言を頂いた。お世話になった皆様に心からお礼を申しあげます。

中村　浩

【参考文献】

東南アジア全体に関するもの

・Kristin Kelly, *The Extraordinary Museums of Southeast Asia*, 2001, HARRY N. ABRAMS<IMC.,PUBLISHERS

・Mariyn Seow/Malcolm Tay, *MUSEUM of Southeast Asia*, 2004, ARCHPELAGO PRESS

・『東南アジア史』I、大陸部、山川出版社、二〇〇四年

ミャンマーに関するもの

・根元敬『物語ビルマの歴史』中公新書、二〇一四年

・Barry Broman, *MYANMAR*, 2004, Book Promotion & Service Co.,Ltd.

・Barry Broman, *BAFAN*, 2004, Book Promotion & Service Co.,Ltd.

・Ma Thanege, Shwwdagon Mystique, 2007, Asia Publishing House.

・Elizabeth H. Moore, *Early Landscaes of Myanmar*, 2007, River Books.

・Elizabeth H. Moore, *The Pyu Landscape;Collected Articles*, 2012, Ministry of Culture.

ラオスに関するもの

・Tara Gujaddhur, *Cuktual Diversity in Las:Storiesfrom the Traditional Arts and Ethnology Centre*, 2000, Traditional Arts and Ethnology Centre.

・木村都・ヴィエンカム・ナンサヴォンドアン シィ『布が語るラオス―伝統スカート「シン」と染色文化』進栄堂出版、二〇〇八年

＊このほか各施設の配布資料、およびウェブ関連記事、各種ガイドブックなどを参考とした

著者

中村　浩（なかむら　ひろし）
1947年大阪府生まれ。1969年立命館大学文学部史学科日本史学専攻卒業。大阪府教育委員会文化財保護課勤務を経て、大谷女子大学文学部専任講師、助教授、教授となり現在、名誉教授（校名変更で大阪大谷大学）。博士（文学）。この間、福井大学、奈良教育大学、岡山理科大学非常勤講師ほか、高野山真言宗龍泉寺住職。専攻は、日本考古学、博物館学、民族考古学（東アジア窯業史）、日本仏教史。
『河内飛鳥古寺再訪』、『須恵器』、『和泉陶邑窯の研究』、『古代窯業史の研究』、『古墳文化の風景』、『古墳時代須恵器の編年的研究』、『須恵器集成図録』、『古墳時代須恵器の生産と流通』、『新訂考古学で何がわかるか』、『博物館学で何がわかるか』、『和泉陶邑窯の歴史的研究』、『和泉陶邑窯出土須恵器の型式編年』、『泉北丘陵に広がる須恵器窯―陶邑遺跡群』『須恵器から見た被葬者像の研究』などの考古学関係書のほか、2005年から「ぶらりあるき博物館」シリーズを執筆、刊行中。既刊は、〈パリ〉、〈ウィーン〉、〈ロンドン〉、〈ミュンヘン〉、〈オランダ〉のヨーロッパ編５冊と、〈マレーシア〉、〈バンコク〉、〈香港・マカオ〉、〈シンガポール〉、〈台北〉、〈沖縄・奄美〉、〈マニラ〉、〈ベトナム〉、〈インドネシア〉、〈カンボジア〉のアジア編10冊（いずれも芙蓉書房出版）。

ぶらりあるきミャンマー・ラオスの博物館

2016年 7月 8日　第１刷発行

著　者
中村　浩（なかむら　ひろし）

発行所
㈱芙蓉書房出版
（代表 平澤公裕）
〒113-0033東京都文京区本郷3-3-13
TEL 03-3813-4466　FAX 03-3813-4615
http://www.fuyoshobo.co.jp

印刷・製本／モリモト印刷

ISBN978-4-8295-0680-6